AF567376

SELBSTWERT STÄRKEN

Der Schlüssel zur Selbstliebe

Wie Sie Ihre Selbstzweifel ein für alle Mal besiegen und endlich zu einer selbstsicheren Persönlichkeit mit enorm viel Selbstvertrauen werden

INHALT

Das erwartet Sie in diesem Buch

Das Ziel eines jeden Menschen ist es, in seinem Leben glücklich zu werden. Dafür müssen bestimmte Bedingungen erfüllt sein. Diese Bedingungen sehen natürlich bei jedem Menschen unterschiedlich aus und sind total individuell.

Für den einen ist zum Beispiel eine der wichtigsten Bedingungen für ein glückliches Leben sehr viel Geld. Ein anderer Mensch hingegen strebt danach, alles zu tun, um anderen Menschen zu helfen. Denn diese Tätigkeit erfüllt ihn und macht ihn wunschlos glücklich. Ein dritter Mensch legt sehr viel Wert darauf, möglichst oft und lange auf Reisen zu gehen. Sich die Welt anzuschauen, neue Kulturen kennenzulernen und ständig unterwegs zu sein, führt bei diesem Menschen zu einem glücklichen Leben.

Sie sehen also, dass die Bedingungen für ein glückliches Leben von Mensch zu Mensch variieren. Es ist immer toll, nach einer Sache zu streben und sich sein Traumleben aufzubauen. Aber ist es wirklich nur dann möglich, glücklich zu werden, wenn man dieses Traumleben erreicht hat? Oder ist es vielleicht sinnvoller, dem Glück nicht hinterherzurennen, sondern zu lernen, auch einfach nur im Hier und Jetzt glücklich sein zu können?

Die Person aus dem ersten Beispiel wird sich sagen: „Wenn ich irgendwann reich bin, dann bin ich glücklich". Die Person aus dem zweiten Beispiel wird immer nur dann glücklich sein, wenn sie anderen Menschen helfen kann. Person Nummer Drei wird sich erst als wirklich glücklich bezeichnen können, wenn sie es irgendwann schafft, eine Weltreise zu machen.

Was haben alle drei Personen gemeinsam? Sie machen ihr Glück von einem bestimmten Ereignis abhängig. Aber wollen Sie wirklich zehn

Jahre Ihres Lebens auf eine Sache hinarbeiten, die der Schlüssel zu Ihrem Glück ist? Wollen Sie zehn Jahre lang unglücklich auf Ihr Glück warten? Was passiert, wenn Ihre Pläne durcheinandergeworfen werden und Sie daran gehindert werden, diese eine Sache zu erreichen, die Sie glücklich macht?

Wir wollen Ihnen damit auf keinen Fall vermitteln, dass Ziele sinnlos sind. Es ist wichtig, Ziele zu haben, auf die man hinarbeitet und die einen erfüllen. Es ist jedoch genauso wichtig, sein Glück nicht davon abhängig zu machen, ob man ein bestimmtes Ziel erreicht oder nicht.

Viel sinnvoller und schöner ist es nämlich, bedingungslos glücklich zu sein. Denn wer sein Glück in seinem Inneren findet, der muss nicht im Außen danach suchen. Und um dieses Glück in seinem Inneren zu finden, benötigt es eine bestimmte Sache: Ein starkes Selbstwertgefühl. Wer nämlich ein starkes Selbstwertgefühl hat, vertraut in sich selbst, kommt mit sich selbst super klar und weiß, dass er mit sich selbst, ohne an äußere Einflüsse und Bedingungen gebunden zu sein, glücklich werden kann.

Und genau darum geht es in diesem Buch. Sie werden lernen, was es bedeutet, ein starkes Selbstwertgefühl zu haben, wie Sie an sich arbeiten und dieses Gefühl steigern können und wie Sie es dank Ihres Selbstwertgefühls schaffen, ein bedingungslos glückliches Leben zu führen. Wir wünschen Ihnen viel Spaß beim Lesen!

Selbstwertgefühl: Was genau ist das überhaupt?

Bevor Sie damit beginnen können, an Ihrem Selbstwertgefühl zu arbeiten, um dieses zu steigern, sollten Sie erst einmal verstehen, was genau das Selbstwertgefühl überhaupt ist. Denn jeder von uns kennt dieses Wort, doch was genau bedeutet es? Gerade für diejenigen, die ein sehr niedriges und schwaches Selbstwertgefühl haben, ist es wichtig, zu wissen, worauf sie da überhaupt hinarbeiten.

Falls auch Sie über kein starkes Selbstwertgefühl verfügen, sollten Sie in den nächsten Kapiteln besonders gut aufpassen und sich die wichtigsten Punkte markieren oder rausschreiben. So haben Sie nämlich später ein klares Gefühl und somit auch ein klares Ziel vor Augen, auf das Sie hinarbeiten möchten. Das Ziel, einfach nur sein Selbstwertgefühl zu steigern, ist nämlich ziemlich unkonkret. Vor allem für Menschen, die gar nicht wissen, wie es ist, ein starkes Selbstwertgefühl zu empfinden.

Wenn Sie nun also die nächsten Kapitel lesen, dann fragen Sie sich, ob Sie sich mit dem Beschriebenen identifizieren können und versuchen Sie einzuschätzen, wie stark Ihr Selbstwertgefühl ungefähr ist. So wird es Ihnen später leichter fallen, herauszufinden, an welchen Punkten Sie besonders fleißig arbeiten müssen, um Ihr Selbstwertgefühl zu stärken und welche Dinge auch so schon ganz gut funktionieren.

WAS BEDEUTET ES, ES SICH SELBST WERT ZU SEIN

Selbstwertgefühl – was bedeutet dieses Wort überhaupt? Um das besser zu verstehen, sollte man das Wort zunächst auseinandernehmen. Daraus entstehen nämlich drei Wörter: „Selbst“, „Wert“ und „Gefühl“. Das bedeutet also, dass man ein Gefühl dafür hat, wie viel man sich selbst wert ist. Es findet also eine Eigenbewertung statt und diese Eigenbewertung nennt sich „Selbstwertgefühl". Wer ein gutes Selbstwertgefühl hat, der erkennt seinen eigenen Wert und weiß, dass er wichtig ist und dass er es wert ist, sich um sich selber zu kümmern und gut mit sich umzugehen. Menschen mit einem schwachen Selbstwertgefühl hingegen erkennen ihren eigenen Wert nicht. Sie fühlen sich wertlos und sehen keinen Grund dafür, wieso sie sich gut um sich kümmern sollten. Für solche Menschen ist das eigene Wohlergehen keine Priorität. Das Wohlergehen anderer Menschen ist ihnen meist viel wichtiger als ihr Eigenes, weil sie es sich selber nicht wert sind, sich so gut um sich selbst zu kümmern, wie sie es bei anderen Menschen machen.

Jemand, der ein gutes Selbstwertgefühl hat, weiß hingegen, dass er genauso wichtig ist wie die anderen Menschen und dass er es sich wert ist, sich selbst und sein Wohlergehen zur Priorität zu machen. Er weiß außerdem, dass er erst dann anderen Menschen helfen kann, wenn es ihm selber gut geht. Er geht mit sich so um, wie er es mit einem guten Freund tun würde, weil er weiß, dass er genauso wichtig ist und es genauso verdient hat, geliebt zu werden wie jeder andere Mensch.

Ein Mensch, der seinen eigenen Wert kennt, weiß auch, wann genug ist. Er kann offen und ehrlich mit seinen Mitmenschen kommunizieren und auch klare Grenzen setzen. Er ist sich selbst so wichtig, dass er sich nicht für andere aufopfern würde, während er selbst darunter leidet, nur weil er Angst hat, nein zu sagen. Es ist ihm nicht wichtig, ob jemand etwas Schlechtes vom ihm denken könnte, da er weiß, dass das nichts daran ändern wird, wie wertvoll er ist. Denn der eigene Wert wird nicht von anderen Menschen bestimmt, sondern von einem selber.

Während ein Mensch mit hohem Selbstwert sich von Menschen, die ihn nicht mögen und ihm etwas Schlechtes wünschen, nicht unterkriegen lässt, freut er sich umso mehr über Komplimente und Geschenke. Das liegt nicht daran, dass er beides nötig hätte, um sich besser zu fühlen. Denn auch hier weiß er: „Komplimente und Geschenke bestimmen nicht meinen Wert". Der Grund, weshalb er sich über Komplimente und Geschenke einfach freuen kann, ist, dass er weiß, dass er es wert ist, Komplimente und Geschenke zu erhalten. Ein Mensch mit geringem Selbstwert hingegen ist der Meinung, dass er es nicht verdient hat, Komplimente und Geschenke zu bekommen und kann diese daher nicht gut annehmen. Und wenn er sie doch annimmt, verbindet er die Geste direkt mit seinem Wert. Entweder ist er sich sicher, dass die Geste nur aus Mitleid gemacht wurde, da er denkt, er sei es nicht wert, Komplimente und Geschenke zu bekommen, oder er fragt sich, ob er vielleicht doch nicht ganz so egal ist, sonst würde er ja keine Komplimente und Geschenke erhalten.

Doch der Selbstwert wird nicht von außen bestimmt. Ob ein Mensch nun viele Komplimente und Geschenke erhält, sich ständig Beleidigungen anhören muss oder von niemandem beachtet wird – nichts davon bestimmt seinen Selbstwert. Denn den kann nur die Person, die es betrifft, selbst bestimmen. Natürlich haben die Reaktionen anderer Menschen einen Einfluss auf uns. Wer sein Leben lang nur gelobt wurde, der wird mit Sicherheit automatisch ein stärkeres Selbstwertgefühl haben als jemand, der sein Leben lang nur gemobbt wurde. Wir können jedoch lernen, uns nicht von äußeren Ereignissen beeinflussen zu lassen und unseren Selbstwert selber zu bestimmen. Denn der Selbstwert sollte an keine Bedingungen geknüpft sein. Jemand sollte es sich nicht erst dann wert sein, wenn er etwas geschafft und geleistet hat. Wahrer Selbstwert ist bedingungslos. Er kommt von innen und entsteht nicht durch äußere Umstände. Ein starkes Selbstwertgefühl aufzubauen, ist also gar nicht so einfach, denn wir alle lassen uns von äußeren Umständen beeinflussen.

Es lohnt sich aber auf jeden Fall, daran zu arbeiten, ein gesundes Selbstwertgefühl zu entwickeln, um sich von äußeren Umständen zu befreien und um zu wissen, dass man es schaffen wird, ein glückliches, selbstbestimmtes Leben zu führen, egal was kommt. Weil man es sich selber wert ist.

DER UNTERSCHIED ZWISCHEN SELBSTWERTGEFÜHL UND SELBSTBEWUSSTSEIN

Entweder wird der Begriff „Selbstbewusstsein" als Synonym für das Wort „Selbstwertgefühl" verwendet oder die beiden Begriffe werden miteinander verwechselt. Dabei gibt es wesentliche Unterschiede zwischen dem Selbstwertgefühl und dem Selbstbewusstsein. Der Selbstwert ist, wie Sie ja bereits gelernt haben, die Bewertung seiner eigenen Person. Es gibt unterschiedliche Bereiche im Leben, die dafür verwendet werden, seinen eigenen Wert zu bestimmen. Ein Bereich sind zum Beispiel die eigenen Fähigkeiten. Man überlegt, was man gut kann und was nicht und bestimmt daraufhin den eigenen Wert. Das ist prinzipiell nicht schlimm, kann aber auch ungesund werden. Einerseits kann man seinen Wert nämlich auf seinen Fähigkeiten basierend so bestimmen, dass man sich einfach vor Augen führt, welche Fähigkeiten einem im Leben wichtig sind und was man noch alles erlernen möchte. Daraus entstehen Werte, die einem dabei helfen, sich weiterzuentwickeln und zu wachsen. Durch das Lernen neuer Fähigkeiten steigt der Selbstwert und das wiederum motiviert einen dazu, noch mehr Neues zu lernen.

Basierend auf den eigenen Fähigkeiten kann der eigene Wert jedoch auch insofern bestimmt werden, als dass die jeweilige Person ihren Wert daran festmacht, was sie kann und was nicht. Und wenn sie etwas Bestimmtes nicht kann, fühlt sie sich wertlos. Man sollte also unbedingt darauf achten, wie genau man seinen Wert in welchem Bereich definiert und ob man sich selber dadurch hilft oder sich nur runtermacht und als wertlos einstuft.

Ein weiterer Bereich, der einem dazu dienen kann, seinen Selbstwert festzulegen, ist die eigene Wahrnehmung und die darauffolgende Bewertung der eigenen Persönlichkeit und seiner Charakterzüge. Man lernt, sich mit all seinen Ecken und Kanten zu akzeptieren und stellt fest, dass man auch wertvoll ist, ohne perfekt zu sein. Auch das kann natürlich nach hinten losgehen, wenn man es nicht schafft, seine Fehler zu akzeptieren und seinen Wert danach bestimmt, wie viele Fehler man macht und was man alles an der eigenen Persönlichkeit auszusetzen hat.

Durch die eigene Wahrnehmung findet man außerdem heraus, was die eigenen Werte sind. Was ist einem wichtig? Wie möchte man handeln? Was für ein Leben will man leben? Wer nach den eigenen Werten handelt, der steigert dadurch sein Selbstwertgefühl und führt ein glückliches Leben. Wer seine eigenen Werte hingegen nicht kennt oder sie zwar kennt, aber unterdrückt, der verliert immer mehr Selbstwertgefühl und führt kein glückliches Leben. Wie auch? Wie soll man glücklich leben, wenn alles, was man tut, überhaupt nicht den eigenen Vorstellungen und Werten entspricht?

Das Selbstwertgefühl ist bei vielen Menschen leider so stark geschwächt, dass sie sich nicht trauen, nach ihren eigenen Werten zu leben, weil sie es sich selbst nicht wert sind. Für diese Menschen ist es wichtiger, anderen zu gefallen, um sich ihr fehlendes Selbstwertgefühl von außen zu holen. Für diese Bestätigung geben sie ihre eigenen Werte auf und leben nach den Werten anderer Menschen.

Auch die Beziehungen zu den Mitmenschen führen dazu, dass man sich selbst bewertet. Wie im letzten Kapitel schon erwähnt, sind wir Menschen sehr beeinflussbar. Wenn wir ständig von Mitmenschen umgeben sind, die nett zu uns sind, uns loben und uns als wertvoll einstufen, steigt unser eigener Selbstwert an. Werden wir hingegen durchgehend schikaniert und runtergemacht, sinkt unser Selbstwert sehr stark. Sich davon zu befreien, ist möglich, aber sehr schwer und erfordert harte Arbeit an sich selber. Provoziert sollte das Ganze jedoch nicht werden und man sollte sich hauptsächlich unter Menschen aufhalten, die einem guttun und den Selbstwert steigern, statt unter Menschen, die einem überhaupt nicht guttun.

Was Selbstwertgefühl ist, wissen Sie ja nun. Doch was hat es mit dem Selbstbewusstsein auf sich? Während es beim Selbstwertgefühl darum geht, sich selbst zu bewerten, spielt das Bewerten beim Selbstbewusstsein keine Rolle. Es geht nämlich hauptsächlich darum, wie man sich selber wahrnimmt. Das Ganze passiert vollkommen wertungsfrei. Wer ein starkes Selbstbewusstsein hat, der ist sich selber wortwörtlich bewusst und nimmt seinen Körper, seine Persönlichkeit und seine Eigenschaften sehr stark wahr. Auch, wie man sich in einer Gruppe oder der Gesellschaft wahrnimmt, spielt beim Selbstbewusstsein eine große Rolle.

Um sich selber intensiv wahrnehmen zu können und seine Rolle in der Gesellschaft herauszufinden, ist sehr viel Selbstreflexion erforderlich. Durch verschiedene Fragen, die man sich selber stellt und sich somit reflektiert, kann man mehr Selbstbewusstsein erlangen. Wann verhalte ich mich wie? Wieso werde ich in bestimmten Situationen so wütend? Wieso handle ich so und nicht anders? Das sind nur einige der möglichen Fragen, die einem dabei helfen können, sich besser zu verstehen und ein stärkeres Selbstbewusstsein aufzubauen.

Zusammenfassend kann man sagen, dass für ein glückliches Leben beides notwendig ist: Ein starkes Selbstbewusstsein und ein starker Selbstwert. Im ersten Schritt lernt man, sich selbst wahrzunehmen und dadurch auch besser kennen. Im zweiten Schritt bewertet man sich selber. Und das ist erst möglich, wenn man sein Verhalten stets reflektiert und versteht. Wie genau man seinen Selbstwert letztendlich bestimmt, ist individuell. Während der eine Mensch mit einem hohen Selbstwert sehr viel arbeitet, weil ihn das erfüllt und er so seinen Werten gerecht wird, benötigt ein anderer Mensch mit einem hohen Selbstwert sehr viel Freizeit, um seinen Werten nachzukommen. Würden sich die beiden Menschen jedoch genau gegensätzlich verhalten, hätten sie keinen hohen Selbstwert und würden nicht nach ihren Prioritäten leben.

WIE ENTSTEHT EIN MANGELNDES SELBSTWERTGEFÜHL ÜBERHAUPT?

Wieso haben so viele Menschen eigentlich ein schwaches Selbstwertgefühl? Was führt dazu, dass sich jemand wertlos fühlt? Hier sind einige Beispiele und Gründe, die zu einem mangelnden Selbstwertgefühl führen können.

Die Erziehung: Ob ein Mensch in seinem späteren Leben ein starkes oder ein mangelndes Selbstwertgefühl entwickelt, hängt sehr stark mit der Erziehung zusammen. Denn gerade im Kindesalter lernt man sehr viele Dinge, die sich im Kopf stärker festsetzen, als sie das im Erwachsenenalter tun würden. Wie ein Kind erzogen wird, prägt es also regelrecht in seinem späteren Leben.

Beispiel 1: Mia kam in einer Familie zur Welt, in der Erfolg eine sehr wichtige Rolle spielte. Ihr wurde beigebracht, ihren eigenen Wert daran festzumachen, ob sie in ihrem Leben erfolgreich war oder nicht. Und das schon im Kindesalter. Wenn Mia ausnahmsweise mal eine etwas schlechtere Note aus der Schule mit nach Hause brachte, gab es Ärger und ihr wurde vermittelt, dass sie nichts wert sei, wenn sie keine guten Noten schrieb. Brachte sie hingegen eine Eins mit nach Hause, wurde sie in den Himmel gelobt und hatte das Gefühl, wieder wertvoll zu sein.

In ihrem späteren Leben schaffte es Mia nicht, genauso erfolgreich zu werden wie ihre Eltern. Und obwohl ihre Eltern längst gestorben sind und sie mit einem Mann zusammenlebt, der sie bedingungslos liebt, egal wie erfolgreich sie ist, fehlt ihr immer noch ein starkes Selbstwertgefühl.

Beispiel 2: Tom hingegen wuchs in einer Familie auf, in der bedingungslose Liebe immer das Wichtigste war. Seine Eltern standen stets hinter ihm und waren für ihn da. Er erfuhr sehr viel Zuneigung, Respekt, Unterstützung und Zuversicht. Seine Eltern vermittelten ihm stets, dass Tom wertvoll war, egal was er tat, egal welche Noten er mit nach Hause brachte und egal was andere Leute sagten.

Tom entwickelte ein starkes Selbstwertgefühl, das bis heute anhält. Er kann voller Vertrauen und Zuversicht seine Träume verwirklichen und ein glückliches Leben führen. Er weiß, dass er alles schaffen kann und dass er es sich wert ist, sein Traumleben zu leben.

Vergangene, prägende Erlebnisse: Die Erziehung spielt zwar eine große Rolle, wenn es um einen gesunden Selbstwert geht, sie ist aber längst nicht der einzige Grund, weshalb das mit dem Selbstwert auch nach hinten losgehen kann. Denn Eltern sind natürlich nicht die einzigen Personen, die einen Einfluss auf jemanden haben. Die Erziehung kann also noch so gut sein. Wenn im Leben eines Menschen bestimmte prägende Erlebnisse eintreten, kann dies ebenfalls zu einem mangelnden Selbstwertgefühl führen.

In so einem Fall kann einem eine gute Erziehung helfen. Wenn man von klein an sein Selbstwertgefühl aufbauen konnte, wird man später mit schlimmen Ereignissen besser umgehen können. Aber manchmal reicht das einfach nicht und diese Ereignisse sorgen dafür, dass das Selbstwertgefühl trotz toller Erziehung sehr schnell sinkt und nicht so einfach wiederhergestellt werden kann.

Beispiel 1: Anna hat tolle Eltern, viele Freunde und ein gesundes Selbstwertgefühl. Bis sie mit zehn Jahren auf das Gymnasium kommt. Hier findet sie keinen Anschluss und schon bald beginnen leichte Hänseleien gegen Anna. Das Hänseln wird immer schlimmer, bis man behaupten kann, dass Anna von ihren Mitschülern nicht nur gehänselt, sondern gemobbt wird.

Obwohl ihre Eltern alles tun, um ihr zu helfen und auch ihre alten Freunde aus der Grundschule stets für sie da sind, schafft Anna es nicht, die ganze Situation nicht an sie ranzulassen. Ihr Selbstwertgefühl sinkt immer weiter und noch Jahre nach dem Mobbing hat sie damit zu kämpfen, ein gesundes Selbstwertgefühl zu entwickeln.

Beispiel 2: Hans steht fest im Leben. Er hat eine Frau, zwei Kinder und einen tollen Job. Er lebt sein Traumleben, weil er weiß, dass er das verdient hat und dass er es sich wert ist. Doch plötzlich erlebt Hans einen schweren Autounfall und ist querschnittsgelähmt. Er muss seinen Job kündigen und fühlt sich plötzlich total wertlos. Von seinem starken Selbstwertgefühl, das im einen Moment noch da war, ist nichts mehr übrig geblieben.

Beispiel 3: Suse hat ein sehr gesundes Selbstwertgefühl. Sie hatte ihr ganzes Leben lang tolle Leute um sie herum, die sie stets in allem unterstützten, was sie tat. Und selbst wenn sie mal an Menschen geriet, die ihr nur das Schlechteste wünschten, wusste sie dank ihres starken Selbstwertgefühls, damit umzugehen.

Doch eines Tages verliebt sie sich in Markus und gerät dadurch ungewollt in eine toxische Beziehung. Markus ist nämlich ein Narzisst und macht Suse das Leben zur Hölle. Doch als Suse das endlich erkennt, ist es schon zu spät. Sie hat ihr Selbstwertgefühl verloren.

Die aktuelle Lebenssituation oder Lebensphase: Nicht nur vergangene Ereignisse können zu einem mangelnden Selbstwert führen. Auch die aktuelle Lebenssituation spielt eine große Rolle, wenn es um einen gesunden Selbstwert geht. Menschen mit einem guten Selbstwertgefühl können mit bestimmten Lebensereignissen und schwierigen Lebensphasen umgehen und diese mit einem genauso starken, wenn nicht sogar stärkeren, Selbstwert überstehen.

Wer hingegen sowieso schon mit einem Mangel an Selbstwertgefühl zu kämpfen hat, dem können solche schweren Lebenssituationen und Phasen ganz schön zusetzen. Beispiele für schwere Situationen oder Phasen sind folgende: Der Tod eines geliebten Menschen, ein anstrengender Umzug, die Geburt eines Kindes, ein Jobwechsel, finanzielle Probleme, Erkrankungen und so weiter.

Psychische Erkrankungen: Ganz vorne mit dabei sind natürlich die Depressionen. Wer depressiv ist, zweifelt ständig an sich selbst, fühlt sich wertlos und fragt sich vielleicht sogar, was eigentlich der Sinn der eigenen Existenz ist. All diese Gedanken führen zwangsweise zu einem ungesunden Selbstwertgefühl. Der Selbstwert eines Menschen kann noch so hoch sein. Wenn er an Depressionen erkrankt, merkt man von diesem Selbstwert nicht mehr so viel.

Die Reihenfolge kann sich aber auch ändern. Das heißt, dass nicht nur Depressionen zu einem geringen Selbstwertgefühl führen können, sondern dass auch ein geringes Selbstwertgefühl zu Depressionen führen kann. Aber nicht nur durch die Krankheit „Depression" entsteht ein mangelndes Selbstwertgefühl. Jede andere psychische und auch physische Krankheit kann dazu führen. Denn Menschen, die an irgendetwas erkrankt sind, sei es nun eine körperliche oder psychische Erkrankung, neigen oft dazu zu glauben, dass etwas mit ihnen nicht stimmt. Dadurch fühlen sie sich weniger wert als andere Menschen.

Negative Glaubenssätze: „Ich bin nicht gut genug. Ich schaffe das niemals. Wer würde mich denn lieben? Wer würde mich denn einstellen? Dieser Sache bin ich nicht gewachsen. Ich bin viel zu blöd dafür. Ich bin hässlich. Ich bin zu dick. Meine Meinung zählt doch sowieso nicht. Ich muss mich zurückhalten, damit ich niemanden nerve. Ich muss produktiv sein, damit man mich mag. Ich muss immer höflich sein, auch wenn ich grade wütend bin. Ich darf meine Gefühle auf keinen Fall anderen Menschen zeigen, sonst halten sie mich für verrückt. Ich brauche die Anerkennung anderer Menschen, um etwas wert zu sein. Ich bin es nicht wert".

Das sind nur einige der Glaubenssätze, die bei vielen Menschen fest verankert sind. Solche Glaubenssätze haben natürlich auch ihren Ursprung und entstehen nicht einfach so. Viele unserer Glaubenssätze werden in der Erziehung durch unsere Eltern geprägt. Andere entstehen aber auch im Laufe des Lebens. Und zwar durch schlimme Ereignisse, negative Erfahrungen und schwere Lebenssituationen. Solche negativen

Glaubenssätze ziehen uns nur runter und nagen enorm an unserem Selbstwertgefühl. Wer in seinem Kopf den Glaubenssatz „Ich bin es nicht wert" ganz fest verankert hat, der kann gar kein gesundes Selbstwertgefühl entwickeln.

So hilft Ihnen ein starkes Selbstwertgefühl im Leben weiter

Sie haben nun gelernt, was es bedeutet, ein gesundes Selbstwertgefühl zu haben. Sie wissen außerdem, wie ein mangelndes Selbstwertgefühl überhaupt entsteht und was der Unterschied zwischen Selbstwert und Selbstbewusstsein ist. Eventuell können Sie inzwischen sogar einschätzen, wie stark Ihr eigenes Selbstwertgefühl ist und wie viel sie daran noch arbeiten können.

Doch bevor wir mit der Schritt-für-Schritt Anleitung zu mehr Selbstwert beginnen und somit in die Praxis gleiten, wollen wir noch einmal konkret darauf eingehen, welche Vorteile ein gesundes Selbstwertgefühl mit sich bringt und welche Bereiche Ihres Lebens davon profitieren können.

Außerdem erfahren Sie, welche Folgen ein mangelndes Selbstwertgefühl nach sich zieht.

Mit diesen beiden wichtigen Informationen werden Sie hoffentlich hochmotiviert in die Praxis starten, um Ihr Selbstwertgefühl endlich wieder aufzubauen und ein neues, glückliches Leben zu beginnen.

EIN GLÜCKLICHERES PRIVATLEBEN

Ein gesundes, starkes Selbstwertgefühl kann Ihr Leben in so vielen Bereichen verbessern. Einer dieser Bereiche ist Ihr Privatleben. Denn durch ein mangelndes Selbstwertgefühl werden nicht nur Sie selber beeinflusst. Klar geht es vor allem Ihnen psychisch unfassbar schlecht, wenn Sie das Gefühl haben, nichts wert zu sein. Doch das ist längst noch nicht alles. Ein mangelndes Selbstwertgefühl wirkt sich nämlich nicht nur auf Ihr eigenes Wohlergehen aus, sondern beeinflusst auch Ihre Umgebung enorm.

Sie kennen bestimmt Leute, die Ihnen gar nicht auffallen, wenn sie einen Raum betreten. Erst wenn diese Menschen nach einer Ewigkeit leise und schüchtern etwas sagen, merken Sie, dass sie anwesend sind. Sie kennen aber auch bestimmt Menschen, die so eine unfassbar starke Ausstrahlung haben, dass Sie schon merken, dass sie den Raum betreten, bevor sie es überhaupt tun.

Solche Menschen bringen Energie und Selbstvertrauen mit in den Raum. Sie motivieren einen und man bekommt in ihrer Nähe direkt gute Laune. Ihr Selbstbewusstsein sorgt dafür, dass man gar nicht anders kann, als sich mit diesem Selbstbewusstsein anzustecken.

Jemand mit einem geringen Selbstvertrauen bewirkt hingegen das komplette Gegenteil. Erst bemerkt man diesen Menschen gar nicht und wenn man es dann doch tut, wird man nicht durch ihn ermutigt. Denn so ein Mensch ist so unsicher und denkt so schlecht von sich selbst, dass auch diese Stimmung sich auf andere Leute überträgt.

Unsere Gefühle führen zu bestimmten Verhaltensweisen. Deswegen verhält sich ein Mensch mit geringem Selbstwertgefühl natürlich auch anders als ein Mensch mit einem starken Selbstwertgefühl. Und da wir Menschen uns sehr schnell beeinflussen lassen, überträgt sich dieses Verhalten auch auf die Leute, die einen umgeben.

Ihr Selbstwertgefühl hat also einen enormen Einfluss auf Ihre Außenwelt und nicht nur auf Ihr eigenes Wohlergehen. Haben Sie also einen niedrigen Selbstwert, beeinflussen Ihre Gefühle und Ihre daraus resultierenden Verhaltensweisen Ihre Freunde und Familie. Das bedeutet nicht, dass diese Menschen dann plötzlich auch ein geringes Selbstwertgefühl bekommen. Aber die allgemeine Stimmung passt sich Ihrer Stimmung an. So wie sich die Stimmung auch an eine Person mit gesundem Selbstwert anpasst, die den Raum betritt.

Wenn Sie also stets schlecht von sich selber denken, sich viel beschweren, oft verzweifelt sind und schlechte Laune haben, dann wird Ihr Umfeld bestimmt nicht gut gelaunt, positiv und hochmotiviert sein. Somit erleben Sie die Auswirkungen eines geringen Selbstwertgefühls nicht nur in Ihrem Inneren, sondern auch in der Außenwelt.

Genauso werden Sie aber auch merken, wie sich Ihr neu erlangtes Selbstwertgefühl auf Ihre Außenwelt überträgt und Ihr Privatleben sich somit um einiges bessert. Es wird weniger Auseinandersetzungen, Streitereien, schlechte Laune und Negativität im Allgemeinen geben. Denn wo bedrückte Stimmung herrscht, sind all diese Dinge nicht weit entfernt.

Doch nicht nur eine bedrückte Stimmung kann zu solchen Auseinandersetzungen mit Freunden und der Familie führen. Jemandem mit einem geringen Selbstwertgefühl fällt es schwer, Fehler zuzugeben. Solche Menschen suchen Fehler also lieber bei anderen und geben anderen die Schuld. Sie wollen und können aufgrund Ihres geringen Selbstwertgefühls keine Verantwortung für Ihr Handeln übernehmen. Dadurch entstehen natürlich viele Streitereien. Jemand mit einem starken Selbstwert hingegen kann sich selber und anderen seine Fehler eingestehen und hat kein Problem damit, Konflikte zu lösen und sich auch mal zu entschuldigen. So gibt es weniger angespannte Stimmung in Beziehungen und Freundschaften.

Ein Mensch mit gesundem Selbstwert nimmt Dinge nicht persönlich und versucht nicht, andere Menschen runterzumachen, um sich selber besser zu fühlen. Genau das Gegenteil macht ein Mensch mit geringem Selbstwertgefühl. Und da dieser Mensch sich aufgrund des Selbstwertmangels gar nicht trauen würde, so mit fremden oder ihm nicht so vertrauten Menschen umzugehen, trifft es meist die Personen, die ihm eigentlich am wichtigsten sind.

Doch nicht nur die privaten Beziehungen profitieren von Ihrem starken Selbstwertgefühl. Sie finden auch endlich den Mut, sich Ihre Träume zu ermöglichen. Dinge, die Sie schon immer mal machen wollten, sich aber nie getraut haben, können Sie nun endlich verwirklichen. Einerseits, weil Sie an sich selber glauben und wissen, dass Sie alles schaffen können, was Sie sich vornehmen. Andererseits, weil es Ihnen mental sehr viel besser gehen wird, sobald Sie mehr Selbstwert erlangt haben. Und wem es mental gut geht, der hat auch die notwendige Kraft für seine Selbstverwirklichung. Die Selbstverwirklichung wiederum führt zu einem gesteigerten Wohlergehen, was sich wiederum positiv auf Ihr Umfeld auswirkt. Denn wer seine Träume verwirklicht und die Dinge tut, die er schon immer tun wollte, der hat keinen Grund, sich auf Auseinandersetzungen und Streitereien einzulassen oder diese sogar selber zu provozieren. Eventuelle Konflikte können so schneller und leichter gelöst werden. Außerdem stecken Sie Ihre Mitmenschen mit Ihrer Lebensfreude an und sorgen dafür für ein positives Klima.

Wie Sie sehen, lohnt es sich nicht nur für Ihr eigenes Gefühl, an Ihrem Selbstwert zu arbeiten, sondern für Ihr gesamtes Umfeld, Ihre Beziehungen und für Ihre Selbstverwirklichung. Mit einem gesunden Selbstwertgefühl können Sie in Ihrem Privatleben nur gewinnen.

BESSERE CHANCEN IN IHREM BERUFSLEBEN

Nicht nur Ihr Privatleben verbessert sich durch ein gesundes Selbstwertgefühl enorm. Auch Ihr Berufsleben wird dadurch positiv beeinflusst. Erinnern Sie sich an das Beispiel aus dem letzten Kapitel? Wenn ein Mensch mit einem gesunden Selbstwertgefühl den Raum betritt, herrscht automatisch eine viel positivere Stimmung. Wenn hingegen jemand mit einem geringen Selbstwert den Raum betritt, beeinflusst auch das seine Umgebung und seine Mitmenschen und die Stimmung sinkt.

Natürlich möchte ein Chef nur Menschen einstellen, die eine positive Ausstrahlung haben und diese auf andere übertragen. Wer von sich selbst überzeugt ist, strahlt das auch aus und wird eher eingestellt als jemand, der nicht so viel von sich hält. Ein gesundes Selbstwertgefühl hilft Ihnen also enorm dabei, irgendwo eingestellt zu werden. Das Selbstwertgefühl ist hier sogar noch wichtiger als die vorhandenen Fähigkeiten. Ein Chef stellt viel lieber jemanden ein, der zwar noch nicht viel Berufserfahrung in dem jeweiligen Bereich hat, jedoch eine große Bereitschaft zeigt, sich all die notwendigen Fähigkeiten anzueignen, die für den Job essenziell sind. So eine Person ist so überzeugt von sich selbst, dass sie andere Menschen mit dieser Überzeugung anstecken kann.

Jemand, der zwar eine gewisse Berufserfahrung mit sich bringt, jedoch überhaupt keinen Selbstwert hat und nicht an sich glaubt, der wird auch den Chef dazu bringen, nicht an diese Person zu glauben und sie auf keinen Fall einzustellen.

Das Selbstwertgefühl ist also das A und O, wenn es darum geht, einen Job zu bekommen. Doch das ist natürlich längst noch nicht alles. Wer einen gesunden Selbstwert hat, der wird nicht nur eher eingestellt als jemand, der einen mangelnden Selbstwert hat. Auch Beförderungen sind bei solchen Menschen nicht unwahrscheinlich. Denn sie kommunizieren ihrem Chef nicht nur, dass sie sich alles aneignen können, was sie für den jeweiligen Job benötigen und dass sie sich stets verbessern werden. Sie halten sich auch an diese Versprechen. Wer an sich selber glaubt, dem fällt es viel einfacher, sich neue Dinge beizubringen und schweren Herausforderungen zu stellen.

Wer hingegen ständig an sich selber zweifelt, der steht sich selbst im Weg und wird Herausforderungen, wenn überhaupt, nur mit großer Mühe meistern.

Und Angestellte, die für jedes Problem eine Lösung parat haben und sich von nichts und niemandem unterkriegen lassen, kommen natürlich viel besser beim Chef an als Menschen, bei denen das Gegenteil der Fall ist. Und so lassen die Gehaltserhöhung und die Beförderung nicht mehr lange auf sich warten. Die wiederum motivieren natürlich nochmal zusätzlich, sodass die Leistungen und Ergebnisse der Person mit hohem Selbstwert immer besser werden. Und das wiederum steigert den

Selbstwert noch mehr. Eine tolle Aufwärtsspirale also.

Menschen mit einem gesunden Selbstwertgefühl kommen natürlich nicht nur beim Chef gut an. Auch die Kollegen schätzen es sehr, jemanden um sich herum zu haben, der weiß, was er tut, stets gut gelaunt und motiviert ist und einfach nur ein tolles Vorbild für alle anderen abgibt. Das sorgt wie auch im Privatleben für ein positives Arbeitsklima mit wenig Auseinandersetzungen und Streitereien. Und wenn es doch mal etwas Stress mit einem Kollegen gibt, weiß ein Mensch, der seinen Wert kennt, damit umzugehen. Er nimmt die Kritik dankend an, sofern sie konstruktiv ist und lernt aus seinen Fehlern. Wenn ein Kollege jedoch wirklich nur darauf aus ist, ihn runterzumachen, weil sein eigenes Selbstwertgefühl gekränkt ist, lässt er das nicht an sich heran und nimmt solche Anfeindungen niemals persönlich.

All diese Punkte führen zusammen dazu, dass sich die Leistungen einer Person mit gesundem Selbstwert steigern, ihr die Arbeit viel mehr Spaß macht und sie immer erfolgreicher wird in dem, was sie tut. Irgendwann nimmt sie vielleicht sogar die Chefposition ein oder gründet ihr eigenes Unternehmen. Denn mit einem starken Selbstwertgefühl ist beides problemlos möglich.

Wie Sie sehen, hat die Bewertung, die Sie sich selber geben, nicht nur einen Einfluss auf Ihr Privatleben, sondern auch auf Ihr berufliches Leben. Und letztendlich ergänzen sich diese Bereiche auch wieder. Denn wem es privat hervorragend geht, wer sich super mit seinen liebsten Menschen versteht und wer sich seine Träume verwirklicht, der erbringt auch im Berufsleben bessere Leistungen, nimmt Herausforderungen an und entwickelt sich immer weiter.

Genauso ist es umgekehrt. Wer in seinem beruflichen Leben erfolgreich ist, stets hochmotiviert arbeitet und vom Chef für seine Leistungen gelobt und entlohnt wird, dem geht es auch in seinem Privatleben viel besser und der begegnet seinen liebsten Menschen gegenüber mit guter Laune und einer positiven Energie, die nicht mal durch

Auseinandersetzungen und Streitereien zerstört werden kann.

NEUE KONTAKTE KNÜPFEN WIRD ZUM KINDERSPIEL

Jeder Mensch muss lernen, mit sich selber glücklich zu werden. Denn genauso wie wahrer Selbstwert von innen und nicht von außen kommt, sollte wahres Glück auch von innen entstehen und nicht durch äußere Einflüsse. Nichtsdestotrotz sind wir Menschen Herdentiere und können ganz alleine auf Dauer nicht glücklich werden. Wir brauchen soziale Kontakte, damit es uns gut geht.

Wer jedoch ein geringes Selbstwertgefühl hat, hat somit auch Schwierigkeiten, neue soziale Kontakte zu finden. Und wenn dann auch noch die alten Kontakte aufgrund der bereits erwähnten Streitigkeiten und Auseinandersetzungen irgendwann wegfallen, kann es sein, dass man als Mensch mit einem geringen Selbstwert plötzlich mit leeren Händen dasteht. Und das steigert den Selbstwert nicht unbedingt. Ganz im Gegenteil. Ein Mangel an sozialen Kontakten kann selbst einen Menschen mit starkem Selbstwertgefühl an seine Grenzen bringen (auch wenn es sehr unwahrscheinlich ist, dass jemand mit einem gesunden Selbstwertgefühl jemals keine sozialen Kontakte haben wird). Denn ohne soziale Kontakte vereinsamen wir. Egal, wie gut wir mit uns selber klarkommen und wie hoch unser Selbstwert ist. Auf Dauer brauchen wir menschliche Nähe, damit es uns psychisch gut geht.

Und wenn der Wegfall der kompletten sozialen Kontakte schon für einen Menschen mit gutem Selbstwertgefühl unfassbar schwierig werden kann, können Sie sich ja vorstellen, wie sich eine Person mit geringem Selbstwert in so einer Situation fühlt. Für sie bricht in dem Moment eine ganze Welt zusammen. Da sie sich ihren Halt in der Außenwelt sucht, statt in ihrem Inneren, fällt dieser Halt plötzlich komplett weg. Dadurch fühlt sie sich noch wertloser, als sie es ohnehin schon tut und das Selbstwertgefühl sinkt drastisch ab. Das kann sehr gefährlich werden und zum Beispiel in einer Depression enden.

Wer ein gesundes Selbstwertgefühl hat, dem kann so etwas nicht so einfach passieren. Denn Kontakte zu knüpfen, fällt jemandem, der seinen eigenen Wert kennt, viel einfacher als jemandem, der ihn nicht kennt. Wer einen starken Selbstwert hat, der hat keine Angst davor, auf andere Menschen zuzugehen und den ersten Schritt zu wagen. Und die Menschen, die diese Person anspricht, lehnen diese nur selten ab, da sie so eine positive, selbstsichere Ausstrahlung mit sich bringt und einem dadurch direkt ein gutes Gefühl gibt.

Ein Mensch mit geringem Selbstwertgefühl hingegen traut sich gar nicht erst, auf andere Menschen zuzugehen und kann somit nur schwer neue Kontakte knüpfen. Er muss warten, bis der andere den ersten Schritt macht. Und selbst dann fragt er sich noch, wieso diese Person ihn überhaupt anspricht und weiß nicht, wieso jemand etwas mit ihm zu tun haben wollen würde. Dieses unsichere, selbstkritische Verhalten strahlt so ein Mensch auch aus, sodass der Gegenüber schnell das Interesse verliert.

Und sollte es ausnahmsweise mal doch dazu kommen, dass der Gegenüber sein Interesse nicht verliert und versucht, mehr über diesen unsicheren Menschen zu erfahren, dauert es ewig, bis wahres Vertrauen entsteht. Jemand mit einem geringen Selbstwertgefühl hat nämlich enorme Schwierigkeiten damit, sich zu öffnen und ehrlich zu sein. Aber innige Freundschaften können erst entstehen, wenn man sich öffnen kann. Aufgrund des geringen Selbstwerts einer Person kommt es also nur sehr selten zu solchen innigen Verbindungen, da es eine ganze Weile dauert, bis diese Person sich wirklich öffnen kann. Und wenn sie Glück hat, ist ihr Gegenüber geduldig genug, um auf dieses emotionale Öffnen zu warten. Hat sie Pech, kommt es zu keiner tieferen Verbindung.

Natürlich gibt es auch die selten eintretende Möglichkeit, dass ein Mensch mit ungesundem Selbstwert die Initiative ergreift und auf jemanden, mit dem er gerne mehr Kontakt hätte, zugeht. In diesem Fall ist es auch sehr wahrscheinlich, dass der Gegenüber kein Interesse an diesem unsicheren Menschen haben wird. Denn sich zu trauen, jemanden anzusprechen, ist erst der erste Schritt. Diesem jemand klarzumachen, was man möchte und sein Interesse an einem zu wecken, bringt die ganze Sache erst so richtig ins Rollen. Wenn eine unsichere Person sich zwar traut, jemanden anzusprechen, dann aber gar nicht mehr weiß, was sie überhaupt sagen soll, ihren geringen Selbstwert nach außen ausstrahlt und sich überhaupt nicht öffnen kann, wird der Gegenüber mit dieser Person nicht viel anfangen können und kein Interesse an ihr entwickeln.

Und so kommt es dazu, dass jemand mit einem geringen Selbstwertgefühl viel öfter abgewiesen wird als jemand, der ein starkes Selbstwertgefühl hat. Dadurch fühlt sich die unsichere Person natürlich noch unsicherer. Sie wird in ihren negativen Glaubenssätzen, dass sie sowieso niemand mag, bestätigt und traut sich von nun an nicht mal mehr, jemanden überhaupt anzusprechen, geschweige denn eine Verbindung zu einer anderen Person aufzubauen.

Selbst wenn jemand ohne Selbstwert es schaffen sollte, eine tiefe Verbindung zu jemandem aufzubauen, woraus langsam, aber sicher eine Freundschaft oder Beziehung entsteht, wird diese Verbindung wahrscheinlich nicht sehr lange halten. Denn wie Sie ja bereits gelernt haben, führt ein geringes Selbstwertgefühl dazu, dass die eigene Unsicherheit auf andere übertragen wird, Streitereien anfangen, Auseinandersetzungen sich immer mehr häufen und Beziehungen daran nach und nach immer mehr zerbrechen. Und auch das führt wieder dazu, dass ein unsicherer Mensch in seinen negativen Glaubenssätzen, dass niemand mit ihm eine tiefe Bindung eingehen will, bestätigt wird.

Jemandem mit einem gesunden Selbstwertgefühl können all diese genannten Dinge nicht passieren. Denn jemand, der seinen eigenen Wert kennt, hat keine Schwierigkeiten damit, neue Menschen kennenzulernen und neue Kontakte zu knüpfen. Das passiert fast schon wie von selber. Durch seine positive Energie und einladende Ausstrahlung zieht ein Mensch mit hohem Selbstwert andere Menschen praktisch an. Jeder, der ihn sieht, merkt direkt, dass man mit diesem Menschen ganz einfach ins Gespräch kommt und keine Angst haben muss, abgewiesen zu werden. Menschen mit geringem Selbstwert hingegen wirken so verschlossen, dass viele sich gar nicht erst trauen, sie anzusprechen, weil sie sich sicher sind, auf eine Mauer zu stoßen, was oft ja auch tatsächlich der Fall ist.

Durch das offene und ehrliche Verhalten von selbstsicheren Menschen entstehen hingegen tatsächlich schnelle, einfache und tolle Gespräche, weil diese Menschen keine Scheu davor haben, sich ihrem Gegenüber zu öffnen und ehrlich zu sein. Und so kommt es natürlich nicht nur zu lockeren Alltagsgesprächen, sondern auch zu tiefgehenden, persönlichen Konversationen, die zu wahren Freundschaften und Beziehungen führen können. Generell entsteht einfach viel schneller ein Vertrauensverhältnis, wenn man seinen Wert kennt, sich für nichts schämt und zu sich selbst steht.

Die Verbindungen, die dank eines gesunden Selbstwerts entstehen, gehen tiefer und halten länger an als Verbindungen, bei denen mindestens ein Part kaum Selbstwert besitzt. Fehler werden nicht beim anderen gesucht, Streitereien kommen mal vor, sind aber nicht Teil des Alltags und Konflikte lassen sich ohne Probleme lösen. Das sind wichtige Voraussetzungen für langanhaltende, erfolgreiche und glückliche Verbindungen zwischen Menschen.

Es ist natürlich ganz normal, dass auch Menschen mit einem hohen Selbstwertgefühl sich mal so heftig streiten, dass eine Beziehung auseinandergeht oder eine Meinungsverschiedenheit so groß ist, dass eine Freundschaft nicht länger bestehen kann. Und wenn ein wichtiger Kontakt plötzlich wegfällt, ist das natürlich trotz eines gesunden Selbstwertgefühls nicht so einfach zu verdauen. Das gesunde Selbstwertgefühl hilft einem jedoch enorm dabei, so eine Trennung besser zu verkraften und damit umzugehen, während jemand mit einem geringen Selbstwert mit so etwas überhaupt nicht gut umgehen kann.

Ein gesundes Selbstwertgefühl ist natürlich nicht nur wichtig, um neue Freundschaften zu schließen und private Beziehungen aufzubauen. Auch im beruflichen Leben bringen einen neue Kontakte sehr weit voran. Denn je mehr neue Kontakte man in seiner Berufswelt knüpft, desto mehr Leute gibt es, die einem helfen, wenn mal etwas nicht so klappt, wie man es gerne hätte, die die Karriere vorantreiben können, gerne mal ein gutes Wort für einen einlegen und von denen man viel lernen kann.

Durch das Knüpfen neuer Kontakte verbessern sich dank wertvoller Beziehungen also das private und berufliche Leben enorm, was unweigerlich zu einem rundum glücklicheren Lebensweg führt.

Gewinner oder Verlierer? Sie entscheiden

Menschen mit einem gesunden Selbstwertgefühl sind in ihrem Leben wahre Gewinner. Menschen mit einem geringen Selbstwertgefühl hingegen werden zu Verlierern. Doch was genau unterscheidet einen Gewinner von einem Verlierer? Inwiefern verhält sich ein Gewinner in einer bestimmten Situation denn anders, als es ein Verlierer tun würde? Wir haben für Sie die wichtigsten Unterschiede zwischen dem Verhalten eines Gewinners und dem Verhalten eines Verlierers zusammengefasst. Lesen Sie sich unsere Beispiele durch und entscheiden Sie danach für sich, wer Sie aktuell sind und wer Sie sein möchten.

Beantworten Sie die Frage, die wir Ihnen nach jedem Kapitel stellen werden, mit „ja" oder „nein". Kreuzen Sie einfach die Antworten an, die Ihrer Meinung nach am meisten auf Sie zutreffen. Sie können die Antworten auch separat auf ein Blatt Papier schreiben.

Wenn Sie sich bei einer Antwort nicht sicher sind, dann lassen Sie sich ein wenig Zeit und überlegen Sie, zu welcher Antwort Sie tendieren würden. Sie müssen also nicht zu 100 % so und so sein, um zum Beispiel „ja" anzukreuzen. Es reicht schon aus, wenn Sie eher so und so sind als so und so, um sich für das „ja" zu entscheiden.

Zählen Sie zum Schluss zusammen, wie oft Sie „ja" angekreuzt haben. Stellen Sie mithilfe der Tabelle, die wir Ihnen am Ende des großen Kapitels „Gewinner oder Verlierer? Sie entscheiden" zur Verfügung stellen, fest, wie stark Sie noch an Ihrem Selbstwertgefühl feilen und daran arbeiten müssen, in Ihrem Leben ein Gewinner zu werden.

DAS ZWEIFELN UND DAS VERTRAUEN

Ein Verlierer stellt immer alles infrage. Wenn es gute Neuigkeiten gibt, kann er diese nicht einfach so akzeptieren. Er fragt sich direkt, ob diese Neuigkeiten denn wirklich stimmen oder nur ein Fehlalarm sind. Ein Verlierer kann nicht einfach akzeptieren, dass etwas Tolles passiert ist oder er etwas Großartiges geschafft hat, weil er alles infrage stellt. „Ist das, was passiert ist, wirklich so toll? Wie lange wird dieser Zustand anhalten? War meine Leistung wirklich zufriedenstellend? Bin ich wirklich gut genug?".

Anstatt den Moment zu genießen und darauf zu vertrauen, dass schon alles gut ist und statt an sich selbst und die eigenen Fähigkeiten zu glauben, zweifelt ein Verlierer alles Gute an und zieht es somit automatisch direkt ins Negative.

Ein Gewinner hingegen bevorzugt es, Vertrauen in die Dinge zu haben, anstatt an ihnen zu zweifeln. Er vertraut nicht nur darauf, dass alles seinen Grund hat und gut so ist, wie es ist, sondern er hat auch ein tiefes Vertrauen in sich selbst. Er weiß, dass er alles schaffen kann, was er sich vornimmt und dass kein Grund zum Zweifeln besteht. Und genau das passiert tatsächlich auch. Wer an sich selber glaubt und voller Energie für seine Ziele arbeitet, der wird diese mit Sicherheit auch erreichen. Wer jedoch ständig nur an sich zweifelt, der kann gar nicht anders, als zu scheitern.

Vertrauen Sie in Ihr Leben und sind Sie sich sicher, dass Sie alles schaffen können, wenn Sie an sich selber und Ihre Ziele glauben, anstatt ständig zu zweifeln?

JA ☐ NEIN ☐

DER ISTZUSTAND UND DER SOLLZUSTAND

Jeder von uns hat bestimmte Vorstellungen davon, wie er sein möchte. Wir alle haben irgendwelche Ziele, die unseren Körper, unser Verhalten oder unseren Charakter betreffen. Entweder nehmen wir uns vor, zehn Kilo abzunehmen oder wir wollen lernen, besser zuzuhören und unser Gegenüber nicht so häufig zu unterbrechen oder wir wollen positiver werden und uns nicht von unseren alten, negativen Glaubenssätzen leiten lassen, sondern uns von ihnen trennen. Bei Verlierern hat die Traumvorstellung von sich selbst überhaupt nichts mit der Realität zu tun. Der Istzustand ist so weit vom Sollzustand entfernt, dass dieser so gut wie gar nicht zu erreichen ist.

Das liegt zum einen daran, dass Verlierer so unzufrieden mit sich selbst sind, dass sie am liebsten ein komplett anderer Mensch wären. Zum anderen liegt es aber auch daran, dass Verlierer nicht an sich arbeiten. Und wer nicht an sich arbeitet, der wird nicht nur niemals dieses Idealbild von sich selber erreichen, er wird sich sogar immer weiter davon entfernen. Denn durch das Nicht-Arbeiten an sich selbst steht man nicht nur still, sondern entwickelt sich auch noch zurück.

Wer zum Beispiel seit zwei Monaten einmal die Woche eine halbe Stunde lang das gleiche Workout macht und sich nicht mehr steigert, der wird sich nach einiger Zeit ziemlich langweilen und gar keinen Sport mehr machen wollen. So entsteht kein Fortschritt, sondern ein Rückschritt und der Sollzustand entfernt sich immer weiter weg vom Istzustand. Und je weiter weg der Sollzustand sich befindet, desto weniger Motivation gibt es, sich diesem wieder zu nähern, weil das Ziel einfach viel zu weit entfernt ist.

Ein Gewinner hingegen arbeitet ständig an sich selbst, da er weder einen Rückschritt erreichen will noch reicht ihm der vollkommene Stillstand aus. Er will einen Fortschritt sehen und sich verbessern. Der Sollzustand eines Gewinners ist nicht weit von seinem Istzustand entfernt.

Er ist der Idealvorstellung von sich selbst sehr nah, was ihn noch mehr dazu motiviert, seinen Istzustand zu optimieren und sich weiterzuentwickeln.

Erfüllen Sie das Idealbild, das Sie von sich selber haben? Und wenn nicht, kommen Sie diesem Idealbild immer näher und arbeiten stetig an Ihrer Weiterentwicklung?

JA ☐ NEIN ☐

DIE BEZIEHUNG ZU SICH SELBST, DIE BEZIEHUNG ZU ANDEREN UND DIE EIGENE LEISTUNG

Ob jemand sich selber als Gewinner oder Verlierer bezeichnen würde, hängt von der Beziehung zu sich selbst, zu anderen Menschen und von der eigenen Leistung ab. Jemand, der stets an sich arbeitet und mit seinem Charakter genauso wie mit seinem Körper sehr zufrieden ist und einfach eine gesunde Beziehung zu sich selbst hat, der kann sich selbst als Gewinner betrachten. Wer hingegen keine Disziplin hat, sich ständig gehen lässt, immer weiter zunimmt, sich in seinem Körper unwohl fühlt und sich selbst durch diese negative Einstellung runterzieht und überhaupt keine gute Beziehung zu sich selbst hat, der sieht sich selbst als Verlierer.

Das Gleiche gilt auch für Beziehungen zu anderen. Wer so gut wie mit jedem super klar kommt, tolle enge Freundschaften und Beziehungen pflegt und auch im Berufsleben viele Kontakte hat, die ihn in seiner Karriere vorantreiben, der kann sich selbst als Gewinner bezeichnen. Wer sich hingegen gar nicht traut, andere Menschen anzusprechen, sich zu öffnen und innige Bindungen einzugehen, der wird weder viele tolle Freunde noch hilfreiche Kontakte im Berufsleben haben und sich selbst als Verlierer sehen.

Doch nicht nur an der Beziehung zu sich selbst und zu anderen Menschen kann man arbeiten. Auch die eigenen Fähigkeiten lassen sich durch stetiges Üben verbessern und erweitern. Jemand, der weiß, dass er zahlreiche Dinge kann und in diversen Bereichen richtig gut ist, fühlt sich wie ein Gewinner. Jemand, der das Gefühl hat, nichts zu können und nichts alleine zu schaffen, hält sich selber für einen Verlierer, der auf die Hilfe seiner Mitmenschen angewiesen ist.

Haben Sie eine gute Beziehung zu sich selbst und zu anderen und sind Sie stolz auf Ihre Leistungen und Fähigkeiten, an denen Sie regelmäßig arbeiten?

JA ☐ NEIN ☐

KRITIK ABLEHNEN UND KRITIK ANNEHMEN

Ein Verlierer hasst es wie die Pest, kritisiert zu werden. Denn er kann mit Kritik überhaupt nicht umgehen. Das liegt daran, dass er so unfassbar unsicher ist und immer an sich zweifelt. Wenn dann auch noch jemand kommt, der genau diese Unsicherheiten anspricht, wird einem Verlierer das zu viel und er blockt total ab, anstatt sich die Kritik zu Herzen zu nehmen. Viel eher reagiert er total gereizt und fühlt sich einfach nur schlecht.

Wer einen Verlierer kritisiert, der triggert in ihm so viele verschiedene Punkte, dass dieser sich dadurch einfach überrollt fühlt. Sein einziger Ausweg aus dieser unangenehmen Kritiksituation ist in den meisten Fällen Trotz. Er reagiert genervt, gereizt oder feuert sogar zurück. Er möchte seinen Kritiker genauso verletzen, wie dieser es bei ihm getan hat und wird sehr schnell beleidigend. Dabei ist es ganz egal, ob der Kritiker seine Kritik einfach so rausgelassen hat, um den Verlierer zu provozieren, oder ob er ihm wirklich damit helfen wollte.

Ein Gewinner hingegen versucht, aus jeder Kritik etwas Gutes zu ziehen und etwas zu lernen. Er sieht die Kritik nicht als persönlichen Angriff, sondern als Möglichkeit, an sich selber zu arbeiten. Ein Gewinner kann außerdem unterscheiden, ob jemand seine Kritik äußert, um dem Gewinner zu helfen und diese somit konstruktiv ist oder ob es jemandem nur darum geht, den Gewinner runterzumachen, um seine eigenen Unsicherheiten an ihm rauszulassen, und die Kritik überhaupt nicht konstruktiv ist. Wenn Ersteres der Fall ist, bedankt sich ein Gewinner bei seinem Gegenüber für die konstruktive Kritik und denkt gut darüber nach, was er daraus nun machen kann. Er nutzt die Kritik, um sich zu bessern. Wenn Letzteres der Fall ist, nimmt er die böse gemeinte Kritik einfach nicht an und führt sich nochmal vor Augen, dass diese Kritik nichts mit ihm persönlich zu tun hat, sondern nur die Unsicherheiten seines Gegenübers widerspiegelt. Der Gewinner versucht, nicht wütend auf sein Gegenüber zu werden, sondern tiefes Mitgefühl zu empfinden. Denn wer etwas so Gemeines zu jemandem sagt, der ist nicht im Reinen mit sich selbst und hat mit vielen Problemen zu kämpfen. Menschen, die böse gemeinte Kritik äußern, um den anderen zu verletzen, sind Verlierer.

Sind Sie in der Lage, konstruktive Kritik anzunehmen und dadurch zu wachsen und sinnlose, beleidigende Kritik einfach nicht zu beachten?

JA ☐ NEIN ☐

DIE SCHWÄCHEN UND DIE STÄRKEN

Wir alle haben unsere Schwächen und unsere Stärken. Worauf wir unseren Fokus jedoch lenken wollen, bleibt uns überlassen. Verlierer legen ihren Fokus hauptsächlich auf ihre Schwächen. Sie konzentrieren sich nicht auf die Dinge, die sie besonders gut können, sondern auf die Dinge, die sie besonders schlecht oder sogar gar nicht können.

Ein Verlierer kann Ihnen eine ganze Liste mit seinen Schwächen niederschreiben. Aber wenn Sie ihn darum bitten, so eine Liste zu seinen Stärken zu verfassen, wird er Ihnen ein fast leeres Blatt Papier überreichen. Oft ist es sogar so, dass selbst die wenigen Eigenschaften, die ein Verlierer als seine Stärken bezeichnen würde, eigentlich ebenfalls seine Schwächen sind. Seine vermeintlichen Stärken könnten zum Beispiel folgende sein: Ruhig sein, gehorsam sein, Kritik ausüben können und so weiter. Diese angeblichen Stärken sind eigentlich Schwächen. Denn „ruhig sein" bedeutet, sich immer nur im Hintergrund zu bewegen und sich nicht zu trauen, seine Meinung zu sagen. „Gehorsam sein" bedeutet, sich nicht durchsetzen zu können und immer nur ein Mitläufer zu sein, anstatt sein eigenes Ding durchzuziehen. „Kritik ausüben können" heißt, ständig die Fehler bei anderen zu suchen, anstatt währenddessen an sich selber zu arbeiten und sich somit weiterzuentwickeln.

Doch da Verlierern in den meisten Fällen keine Eigenschaften einfallen, die tatsächlich eine Stärke darstellen könnten, drehen sie den Spieß um und stellen ihre eigentlichen Schwächen als Stärken dar. Denn so zu tun, als hätte man ganz viele Stärken, obwohl diese eigentlich Schwächen sind, ist nun mal viel einfacher, als an sich zu arbeiten, um aus den Schwächen tatsächliche Stärken zu machen und nicht nur vermeintliche.

Verlierer wählen immer den einfacheren Weg. Sie stoßen nicht gerne auf Widerstand und wollen nicht an sich arbeiten. Außerdem suchen sie die Schuld gerne bei anderen. Sie selber sind ihrer Meinung nach natürlich nicht schuld daran, dass sie ihre Meinung nicht sagen und sich nicht durchsetzen können. Schuld daran sind wie immer die anderen, die sie nicht zu Wort kommen lassen.

Gewinner hingegen vermeiden Schuldzuweisungen. Statt die Schuld für ihre Schwächen bei anderen zu suchen, arbeiten sie an sich, um diese

Schwächen zu verbessern. Hauptsächlich konzentrieren sie sich jedoch sowieso auf ihre Stärken und nicht auf ihre Schwächen. Sich nur auf seine Schwächen zu konzentrieren, zieht einen nur runter und baut einen überhaupt nicht auf. Sich hingegen immer vor Augen zu führen, was man im Leben alles gut macht, gibt einem wieder neue Energie.

Ein Gewinner weiß, dass auch er Schwächen hat und nicht perfekt ist. Doch anstatt daran zu arbeiten, diese Fehler zu beseitigen, arbeitet er lieber an dem Wachstum seiner Persönlichkeit. Denn Fehler wird es immer geben. Egal, wie sehr er auch versuchen wird, sie zu beseitigen. Deshalb schenkt er ihnen nicht so viel Beachtung und fokussiert sich viel lieber auf das Ausarbeiten seiner Stärken.

Konzentrieren Sie sich hauptsächlich auf Ihre Stärken und arbeiten an ihnen, anstatt sich von Ihren Schwächen runterziehen zu lassen?

JA ☐ NEIN ☐

DAS SCHICKSAL UND DIE EIGENVERANTWORTUNG

Ein Verlierer sucht nicht nur die Fehler bei anderen Menschen, sondern auch bei seinen Umständen. Wenn etwas nicht so klappt, wie er es gerne hätte, fallen ihm plötzlich tausend Ausreden ein, woran das liegen könnte. Anstatt sein Leben in die Hand zu nehmen und für das zu kämpfen, was er wirklich erreichen möchte, überlässt ein Verlierer sein Schicksal den Umständen. Dies und jenes kann er nicht machen, weil er grade nun mal Kopfweh hat. Den Job hat er mal wieder nicht bekommen, weil das Schicksal es wohl so wollte und um seinen Garten konnte er sich heute nicht kümmern, weil es geregnet hat.

Ständig gibt es irgendwelche Ausreden, weshalb dies und jenes nicht geklappt hat. Immer sind die Umstände und das Schicksal schuld und meinen es nie gut mit dem Verlierer. Der Verlierer selbst ist aber natürlich niemals schuld. Es ist leicht, die eigene Verantwortung abzugeben und so zu tun, als hätte man nun mal keinen Einfluss auf sein Leben. Und hinterher beklagt man sich, dass nichts klappen will, wie es soll und dass es doch bei anderen Menschen so gut funktioniert.

Diese „anderen Menschen" sind Gewinner. Sie überlassen nichts dem Zufall und dem Schicksal und machen ihr Glück nicht von irgendwelchen Umständen abhängig. Ein Gewinner kümmert sich im übertragenen und im wortwörtlichen Sinne auch dann um seinen Garten, wenn es regnet. Er erfindet keine Ausreden und gibt dem Leben nicht die Schuld für sein Schicksal. Stattdessen nimmt er sein Leben selbst in die Hand und kämpft für das, was ihm wichtig ist. Er übernimmt Eigenverantwortung und das zahlt sich auf alle Fälle auch aus. Ein Gewinner weiß, dass jeder Mensch seines Glückes Schmied ist und dieses Motto behält er immer im Hinterkopf.

Viele Verlierer glauben, dass Gewinner einfach mehr Glück haben als sie und deswegen im Leben erfolgreicher sind. Aber das stimmt nicht. Die wenigsten Menschen bekommen ihr Traumleben in die Wiege gelegt. Es erfordert Disziplin und harte Arbeit, um sein Traumleben zu kreieren. Gewinner können beides, weshalb sie es schaffen, ihre Ziele zu erreichen, während Verlierer auf der faulen Haut rumliegen und darauf hoffen, dass irgendein Wunder geschieht. Doch dieses Wunder wird es niemals geben.

Nehmen Sie Ihr Leben selbst in die Hand und verfolgen Ihre Ziele, anstatt den Umständen, anderen Leuten und Ihrem Schicksal die Schuld dafür zu geben, dass etwas in Ihrem Leben nicht funktioniert?#

JA ⍰ NEIN ⍰

DER VERGLEICH ZU ANDEREN UND DER VERGLEICH ZU SICH SELBST

Die gesamte Beurteilung unseres Lebens basiert auf den verschiedensten Vergleichen. Jemand, der 500 € auf dem Konto hat, zählt in einem reichen Land zu den armen Leuten, während er in einem armen Land reich ist. Wie man sich und sein Leben sieht, ob positiv, negativ, erfolgreich oder erfolglos, hängt immer davon ab, womit man sich und sein Leben vergleicht.

Verlierer vergleichen ihr Leben sehr gerne mit dem Leben anderer Menschen. Dabei suchen sie sich, selbstzerstörerisch wie sie sind, immer Menschen aus, die einen oder sogar schon viele Schritte weiter sind als sie selbst. Das heißt, sie sehen sich immer Menschen an, die erfolgreicher sind, besser aussehen und mehr auf dem Konto haben als sie selber.

Würde ein Gewinner das tun, würden ihn die Menschen, die in ihrem Leben schon viel weiter sind als er selbst, motivieren. Ein Verlierer jedoch verspürt bei solchen Vergleichen lediglich Neid und fühlt sich schrecklich, weil er noch nicht das erreicht hat, was in seinen Augen alle anderen schon erreicht haben.

Fälschlicherweise schaut sich ein Verlierer niemals Menschen an, die noch nicht so weit sind wie er selber. Würde er das tun, würde er merken, dass er nicht komplett am Anfang steht, sondern in seinem Leben schon etwas erreicht hat und dass es Menschen gibt, die noch nicht so weit sind wie er. Doch da er immer nur den Vergleich zu Menschen sucht, die viel weiter sind als er, bekommt er natürlich das Gefühl, total am Anfang zu stehen und noch gar nichts erreicht zu haben.

Ein Gewinner vergleicht sich niemals mit anderen Menschen, sondern immer nur mit sich selber. Denn er selbst ist sein eigener Maßstab. Er konzentriert sich nicht auf den Erfolg anderer Menschen, sondern auf seinen eigenen. Es geht ihm nicht darum, besser zu sein als irgendwelche anderen Menschen, die er vielleicht sogar gar nicht kennt, sondern besser zu sein als sein früheres Ich. Er arbeitet stets an sich selbst und konzentriert sich auf die Dinge, die er bereits geschafft hat. Und was genau er schon alles schaffen und verbessern konnte, findet er heraus, indem er feststellt, an welcher Stelle im Leben er vor zehn Jahren, vor fünf Jahren und vor einem Jahr stand und wo er sich nun befindet. So kann er seine Entwicklung genau beobachten und sieht, wie erfolgreich er ist.

Und wenn ein Gewinner sich doch mal mit jemand anderem vergleicht, dann beneidet er die Menschen nicht, die weiter sind als er, sondern sieht ihren Erfolg als Inspiration. Menschen, die noch nicht so weit sind wie er, zeigen einem Gewinner, wie viel er selber schon erreicht hat und dass er nicht am Anfang steht. Und das inspiriert und motiviert ihn ebenfalls, weil er sieht, dass es sich lohnt, für seine Ziele zu kämpfen und stets an sich zu arbeiten.

Vergleichen Sie sich vor allem mit sich selbst? Und wenn Sie sich doch mal mit anderen Menschen vergleichen: Fühlen Sie sich dabei eher inspiriert und motiviert, anstatt Neid und Missgunst zu verspüren?

JA ☐ NEIN ☐

SICH UM ANDERE KÜMMERN UND SICH UM SICH SELBST KÜMMERN

Einem Verlierer ist es unheimlich wichtig, was andere Menschen von ihm denken. Deswegen legt er seinen Fokus oft auf andere Menschen, anstatt sich auf sich selber zu konzentrieren. Er will immer allen anderen gefallen und es jedem recht machen. Er hat so ein geringes Selbstwertgefühl, dass er dieses stets im Außen suchen muss. Ein Verlierer braucht Bestätigung von seinen Mitmenschen. Er will Liebe und Zuneigung, und zwar so sehr, dass er daran verzweifelt und versucht, sich beides zu erkaufen. Das schafft er, indem er sich komplett für alle anderen aufopfert und sich selbst dabei vernachlässigt. Ein Verlierer denkt, er sei es nicht wert, bedingungslos geliebt zu werden. Deswegen versucht er mit aller Kraft, bestimmte Bedingungen zu erfüllen, die seiner Meinung nach dazu führen, dass ihn überhaupt jemand liebt.

So funktionieren wahre Liebe und Zuneigung natürlich nicht, aber das ist einem Verlierer egal. Er ist bereit, alles für jemanden zu tun, nur damit dieser jemand ihn wertschätzt. Dass so ein Abhängigkeitsverhältnis nicht nur ungesund ist, sondern sogar gefährlich werden kann, sieht ein Verlierer nicht.

Letztendlich schenkt ein Verlierer anderen Menschen so viel von seiner Energie, dass für ihn selber gar nichts mehr davon übrig bleibt. Er macht sich kaputt, nur um anderen zu gefallen.

Ein Gewinner tickt diesbezüglich ganz anders. Er weiß, dass er sich erst mal um sich selber kümmern muss, bevor er anderen helfen kann. Und genau das tut er auch. Er zeigt sich, dass er es sich selber wert ist, sich um sich zu kümmern. Er pflegt seinen Körper und seine Psyche sehr gut, weil er weiß, dass er nur so funktionieren und glücklich werden kann. Das Wort „Selbstliebe" ist für ihn durchaus ein sehr vertrauter Begriff. Erst wenn es seinem Körper und seiner Seele gut geht, kann er auch für andere da sein.

Ein Verlierer versucht außerdem nicht, sich die Liebe eines anderen Menschen zu erkaufen. Wer ihn mag, der mag ihn und wer ihn nicht mag, den beachtet er einfach nicht weiter, anstatt sich seine Anerkennung zu erkämpfen. Viel lieber richtet er seinen Fokus auf sich und die Menschen, die ihm etwas bedeuten und denen er etwas bedeutet.

Stehen Sie für sich an erster Stelle und kümmern Sie sich erst um sich, bevor Sie anderen helfen, egal, was die anderen von Ihnen denken könnten?

JA ☐ NEIN ☐

DAS REDEN UND DAS HANDELN

Wir alle haben Wünsche und Träume. Doch während die einen ihre Wünsche und Träume realisieren, bleiben sie bei den anderen nichts weiter als Wünsche und Träume. Diese „anderen" sind Verlierer. Sie reden viel und handeln wenig. Statt sich darum zu kümmern, einen Weg zu finden, all diese Träume zu verwirklichen, bleiben Verlierer immer nur in ihren Gedanken. Sie verschwenden ihre Zeit damit, sich auf das zu konzentrieren, was sie nicht haben, aber gerne hätten und gehen so gut wie nie für ihre Ideen los. Und wenn sie es doch mal tun, kehren sie bei dem kleinsten Hindernis wieder um und beschweren sich darüber, dass ihr Ziel ja so unerreichbar ist.

Wie erreichbar oder unerreichbar ein Ziel tatsächlich ist, entscheidet jeder selber. Ein Verlierer entscheidet sich so gut wie immer dafür, dass ein Ziel unerreichbar ist. Er ist faul und glaubt nicht an sich selbst. Deswegen redet er sehr viel, kommt aber niemals ins Handeln.

Ein Gewinner hingegen verwirklicht sich seine Träume und Wünsche. Auch er redet gerne darüber, was er in seinem Leben alles noch erreichen möchte. Nur tut er das nicht aus dem Grund, einfach ein bisschen tagzuträumen, um diese Wünsche dann wieder zur Seite zu schieben. Auch beschwert er sich nicht darüber, dass er etwas niemals haben, sein oder erreichen wird. Stattdessen kommt er aus dem Reden in das Handeln. Und das ist der wichtigste Schritt, um seinen Zielen immer näherzukommen und sie schließlich zu erreichen.

Ein Gewinner stellt sich nicht vor, wie schön es wäre, ein eigenes Unternehmen zu gründen, er gründet eins. Ein Gewinner redet nicht darüber, wie toll er es fände, irgendwann in einer Villa zu leben, sondern arbeitet hart, bis er sich diesen Traum erfüllen kann. Ein Gewinner beschwert sich nicht darüber, dass seine Träume und Wünsche so unerreichbar sind, er kommt ins Handeln und nähert sich diesen Träumen und Wünschen jeden Tag ein bisschen näher.

Kommen Sie ins Handeln und realisieren Sie Ihre Wünsche und Träume, anstatt nur große Pläne zu schmieden, die Sie sowieso niemals angehen?

JA ▯ NEIN ▯

DER PESSIMISMUS UND DER OPTIMISMUS

Die Einstellung zum Leben sagt viel darüber aus, ob ein Mensch ein Gewinner ist oder ein Verlierer. Denn Verlierer sind wahre Pessimisten. Sie sehen immer nur das Schlechte im Leben und ziehen damit nicht nur sich selbst, sondern auch alle Menschen um sich herum sehr runter. Egal, was passiert, ein Verlierer hat immer etwas daran auszusetzen. Ob das, was passiert, nun positiv ist oder negativ.

Wenn ein Verlierer zum Beispiel in den Urlaub fährt, kann er sich gar nicht richtig darauf freuen, weil sein Pessimismus ihn dazu bringt, schon am Anfang des Urlaubs an das Ende zu denken und daran, dass er in zwei Wochen ja schon wieder arbeiten muss. Außerdem nervt es ihn, dass die Fahrt so lange dauert und er hat ständig Angst, dass das Wetter im Urlaub miserabel sein wird und sich der Urlaub somit überhaupt nicht lohnt. So kommt er zu dem Schluss, dass er sich das Geld für den Urlaub auch ruhig hätte sparen können und dass der Urlaub doch eh total blöd sein wird, obwohl noch überhaupt gar nichts Negatives passiert ist.

Während der Verlierer durch seinen Pessimismus untergeht, hilft dem Gewinner sein Optimismus, das Leben mit einer Leichtigkeit zu meistern. Er freut sich über die guten Dinge im Leben und kommt gar nicht auf die Idee, in diesen Dingen etwas Negatives zu suchen. Ein

Gewinner genießt seinen Urlaub, ohne sich Gedanken über das Wetter oder die lange Fahrt zu machen. Wozu sollte man sich auch selber runterziehen, indem man voller Pessimismus an all die Dinge denkt, die ja passieren könnten, aber überhaupt noch nicht eingetroffen sind?

Mit solchen Vorfällen beschäftigt sich ein Optimist erst, wenn sie tatsächlich eintreten. Und selbst dann verfällt er nicht in Pessimismus, sondern bleibt optimistisch. Denn ob er nun pessimistisch oder optimistisch ist, ändert das Problem ja nicht. Er hat aber die Wahl, wie er diesem Problem gegenübertreten möchte und trifft die weise Entscheidung für den Optimismus und gegen den Pessimismus.

Ein Gewinner sieht Probleme nicht als unlösbare Hindernisse, die einem nur den Weg versperren, sondern als Herausforderung. Er weiß, dass er alles meistern kann, wenn er nur an sich glaubt. Und an sich glauben, kann er nur, wenn er optimistisch bleibt.

Versuchen Sie stets, optimistisch zu bleiben, sich von nichts und niemandem unterkriegen zu lassen und in jedem Problem eine neue Herausforderung zu sehen?

JA ☐ NEIN ☐

DINGE KAUFEN UND DINGE ERSCHAFFEN

Dinge kaufen und Dinge erschaffen: Jeder Mensch macht beides und braucht auch beides im Leben. Jedoch setzt jeder Mensch auch seinen Fokus auf diese beiden Dinge ganz unterschiedlich. Der Fokus bei Verlierern liegt vor allem darauf, neue Dinge zu kaufen. Verlierer geben sehr viel Geld aus. Sie gehen ihren aktuellen Wünschen nach, statt an das große Ganze zu denken.

Ein Verlierer hat sehr wenig Disziplin. Er kauft sich zum Beispiel viel lieber die teure Jeans, die er zufällig entdeckt, und verschwendet somit sein Geld für etwas, was auf das große Ganze bezogen im Endeffekt total unwichtig ist, anstatt für seine großen Wünsche und Träume zu sparen.

Dieser unüberlegte Konsum geschieht jedoch nicht nur aufgrund der fehlenden Disziplin eines Verlierers. Es gibt noch einen weiteren Grund, weshalb ein Verlierer sehr viele Dinge kauft und konsumiert. Dieser Grund ist das Füllen einer Leere. Ein Verlierer ist unglücklich. Und wer unglücklich ist, verspürt oft eine tiefe Leere in sich. Diese Leere versucht er dann, durch überschüssigen Konsum zu füllen. Doch die Dinge, die er konsumiert, machen ihn nur kurzfristig glücklich. Um jedoch langfristig glücklich zu werden, müsste der Verlierer an sich arbeiten und sein Leben ändern. Doch das tut er natürlich nicht. Stattdessen kauft er immer mehr und immer teurere Dinge und verschwendet sein Geld, anstatt dieses zu sparen, um es später für etwas Sinnvolles auszugeben.

Ein Gewinner weiß, dass er seine innere Leere nicht mit Dingen, die er kauft, füllen kann. Um glücklich zu werden, arbeitet er also stattdessen an sich selbst und spart sein Geld sinnvoll. Anstatt Dinge zu kaufen, kreiert er lieber neue Dinge. Er nutzt seine Kreativität und erschafft neue Ideen und Produkte, die ihm selber, anderen Menschen und der Welt etwas Gutes tun.

Der Gewinner ist sich sicher, dass materieller Besitz ihn nicht glücklich machen wird. Deswegen erschafft und kreiert er lieber, anstatt zu konsumieren.

Achten Sie auf Ihren Konsum und wissen Sie, dass dieser Sie auf lange Sicht nicht glücklich machen wird? Lassen Sie lieber Ihrer Kreativität freien Lauf und erschaffen Neues, statt bereits Vorhandenes zu kaufen?

JA ☐ NEIN ☐

HOHE GRENZEN UND HOHE ANSPRÜCHE

Verlierer haben es sehr gern bequem. Ihre Komfortzone verlassen sie hingegen nur sehr ungern. Sie setzen sich selber bestimmte Grenzen, die sie auf gar keinen Fall überschreiten wollen. Entweder haben sie einfach Angst davor, weil ihr Selbstwertgefühl so gering ist und sie so unsicher sind oder es ist ihnen einfach zu anstrengend. Sie wollen keinen Widerstand und keine Hindernisse auf ihrem Lebensweg spüren und sorgen durch diese selbstauferlegten Grenzen auch dafür, dass es zu keinem Widerstand und zu keinen Hindernissen kommt.

Wer jedoch seine Grenzen nicht überschreiten und seine Komfortzone nicht verlassen möchte, der hat keine Chance zu wachsen und sich weiterzuentwickeln. Genau das wissen Gewinner.

Gewinner haben hohe Ansprüche an sich selber und ihr Leben. Sie sind zwar stets dankbar für ihr Leben und das, was sie bereits haben, wissen aber auch gleichzeitig, dass es immer Luft nach oben gibt und das wollen sie auf alle Fälle ausnutzen.

Ein Gewinner bleibt niemals auf der Stelle stehen. Er möchte sich immer weiterentwickeln. Grenzen sind seiner Meinung nach dazu da, um überschritten zu werden. Er weiß, dass er nur dann sein absolutes Traumleben erreichen kann, wenn er über seinen Schatten springt und seine Komfortzone verlässt.

Natürlich ist es nicht leicht, seine Grenzen zu überschreiten und auch ein Gewinner hat Angst davor. Doch er lässt es nicht zu, dass die Angst die Kontrolle über sein Leben ergreift und kämpft für das, was er erreichen will, obwohl er Angst hat. Er weiß nämlich, dass sich dieser Kampf letztendlich auszahlen wird und dass es sich lohnt, seine Grenzen zu überschreiten und hohe Ansprüche an das eigene Leben zu stellen.

Trauen Sie sich, Ihre Komfortzone zu verlassen, Ihre Grenzen zu überschreiten und für das zu kämpfen, was Sie in Ihrem Leben

erreichen wollen? Haben Sie hohe Ansprüche an Ihr eigenes Leben?

JA ☐ NEIN ☐

WIE OFT HABEN SIE UNSERE FRAGEN MIT EINEM „JA" BEANTWORTET?

1 - 3 x: Sie haben ein sehr geringes Selbstwertgefühl. Sie fühlen sich in den meisten Situationen Ihres Lebens unsicher und haben das Gefühl, dass die ganze Welt gegen Sie ist und dass Sie einfach nichts erreichen können. An Ihrem Selbstwertgefühl müssen Sie noch sehr viel arbeiten, damit Sie ein wahrer Gewinner werden können.

4 - 6 x: In manchen Situationen schaffen Sie es inzwischen, selbstsicher aufzutreten und an sich und Ihr Leben zu glauben. Doch diese Situationen kommen leider noch nicht so oft vor. Sie können noch viel an sich arbeiten, um Ihr Selbstwertgefühl zu stärken. Denken Sie an die Fragen, die Sie mit „ja" beantwortet haben. In diesen Situationen handeln Sie wie ein Gewinner. Das fühlt sich gut an, nicht wahr? Nehmen Sie dieses Gefühl als Motivation dafür, so sehr an sich zu arbeiten, dass Sie dieses Gefühl irgendwann in jeder Situation fühlen und ein Gewinner sein können.

7 - 9 x: Sie sind bereits auf einem sehr guten Weg. In vielen Situationen fühlen Sie sich wie ein Gewinner. Ihr Selbstwertgefühl ist relativ hoch. Doch es gibt noch die eine oder andere Situation, in der Ihr Selbstwert plötzlich nicht mehr so hoch ist und Sie nur noch verunsichert sind. Mit etwas Übung können Sie herausfinden, was diese Situationen, in denen Sie sich wie ein Verlierer fühlen, von den Situationen, in denen Sie sich wie ein Gewinner fühlen, unterscheidet. Sie können daran arbeiten, Ihr Selbstwertgefühl zu steigern, damit Sie sich nicht nur meistens,

sondern immer wie ein Gewinner fühlen.

10 - 12 x: Ihr Selbstwertgefühl ist sehr gesund, Sie meistern so gut wie jede Herausforderung und Sie sind ein wahrer Gewinner. Und wahre Gewinner wollen niemals auf der Stelle stehen bleiben, sondern sich stets weiterentwickeln. Selbst wenn Sie also jede einzelne Frage mit „ja" beantwortet haben, ist das noch lange kein Grund, dieses Buch zur Seite zu legen, weil Sie nun am Ziel angelangt sind. Denn dieses Ziel gibt es nicht. Ganz im Gegenteil: Es gibt immer ein Wachstumspotenzial und Luft nach oben. Sie können immer an sich arbeiten, egal, ob Sie schon ein richtiger Gewinner sind oder noch nicht.

Folgen von zu wenig Selbstwertgefühl

Wie Sie ja bereits wissen, kann ein geringes Selbstwertgefühl dazu führen, dass Sie nicht das Leben leben können, das Sie sich immer erträumt haben. Es führt außerdem dazu, dass Ihr Berufsleben, Ihr Privatleben und Ihre Beziehungen zu anderen Menschen darunter leiden. All das klingt nicht gerade schön, lässt sich aber natürlich mit viel Übung an sich selbst wieder ändern.

Doch was, wenn wir Ihnen sagen, dass der Mangel an Selbstwertgefühl zu richtig schlimmen Krankheiten und Teufelskreisen führen kann? Denn genau das kann passieren. Zu sehen, welche Folgen ein Mangel an Selbstwert mit sich bringen kann, motiviert Sie hoffentlich noch mehr dazu, mithilfe unserer Schritt-für-Schritt-Anleitung an sich zu arbeiten, um solche Abwärtsspiralen und Krankheiten zu verhindern. Aber wovon genau sprechen wir überhaupt? Wir zählen Ihnen nun einige schwere Folgen auf, die ein mangelnder Selbstwert mit sich bringen kann.

PSYCHISCHE ERKRANKUNGEN

Bei Menschen, die Depressionen haben, kann ihre Krankheit dazu führen, dass das Selbstwertgefühl dieser Menschen sinkt. Viel wahrscheinlicher ist es jedoch sogar, dass ein bereits vorhandenes, geringes Selbstwertgefühl zu psychischen Krankheiten wie Depressionen führt. Und wenn es so weit kommt, geht es nicht mehr darum, sein Selbstwertgefühl „nur" zu stärken, um bessere Aufstiegschancen im Job zu bekommen oder um ein paar neue soziale Kontakte zu knüpfen. An diesem Punkt geht es darum, sich selber vor noch schwereren Folgen zu retten. Denn wie wir ja alle wissen, können Depressionen im schlimmsten Fall sogar zum Selbstmord führen.

Doch Depressionen sind nicht die einzige, schwere, psychische Auswirkung eines geringen Selbstwertgefühls. Auch ein Burnout ist bei einem selbstwertlosen Menschen gar nicht so unwahrscheinlich. Während jemand mit einem gesunden Selbstwertgefühl schwierige Situationen und stressige Phasen im Leben gut meistern kann, fühlt sich ein Mensch mit geringem Selbstwertgefühl super schnell überfordert, was im schlimmsten Fall in einem Burnout endet.

Alkoholismus kann ebenfalls durch ein niedriges Selbstwertgefühl verursacht werden. Jemand, der sich selbst nicht leiden kann, findet es fast unerträglich, sein ganzes Leben mit sich selbst verbringen zu müssen. Er fühlt sich wertlos und denkt, er sei zu nichts zu gebrauchen. Und all diesen Schmerz ertränkt so eine Person auch gerne mal in Alkohol. Doch da dieser nur für einen bestimmten Zeitraum wirkt, muss bald schon wieder neuer Alkohol her, um dieses betäubende Gefühl länger anzuhalten. Und so entsteht aus dem unsicheren Menschen mit geringem Selbstwert langsam, aber sicher ein Alkoholiker.

Eine weitere psychische Folge eines geringen Selbstwertgefühls sind die Zwangsstörungen. Wer keinen Halt und keine Kontrolle in seinem Inneren findet, der sucht beides eben in der Außenwelt. Es entstehen neurotische Angewohnheiten, wie zum Beispiel, dass der Salzstreuer immer genau 11,5 Zentimeter vom Herd stehen und die Aufschrift „Salz“ dabei zur Wand zeigen muss. So entstehen ein Gefühl der Kontrolle und der Eindruck, man habe sein Leben im Griff. Doch natürlich ist genau das Gegenteil der Fall. Denn statt sein Leben in den Griff bekommen zu haben, leidet man jetzt nicht nur unter einem geringen Selbstwertgefühl, sondern nun auch noch unter einer Zwangsstörung.

PHYSISCHE ERKRANKUNGEN

Ein Mangel an Selbstwertgefühl kann nicht nur zu psychischen Erkrankungen führen, sondern auch zu physischen. Denn wer sich wertlos fühlt, der vernachlässigt sich selber auch und kümmert sich nicht mehr um sich. Und wer sich nicht um sich kümmert und sich total gehen lässt, der zieht Krankheiten quasi magisch an.

So ist es also zum Beispiel auch nicht unwahrscheinlich, aufgrund seines geringen Selbstwertgefühls übergewichtig zu werden. Man interessiert sich nämlich nicht für seinen Körper und die eigene Gesundheit und achtet überhaupt nicht auf seine Ernährung. Man isst nur ungesundes Zeug und davon viel zu oft und viel zu viel. Und dieser Lebensstil hat natürlich Auswirkungen auf die eigene Gesundheit und das Körpergewicht.

Doch nicht nur die Tatsache, dass man bei einem ungesunden Selbstwertgefühl prinzipiell schon nicht auf sich und seine Gesundheit achtet, führt zu Übergewicht. Auch plötzliche Fressattacken sorgen für mehr Speck auf den Hüften, als es eigentlich gesund ist. Denn wer sich schlecht fühlt und sich selber nicht leiden kann, der versucht, diese negativen Gefühle durch Essen zu vertreiben. Denn wer fühlt sich nicht gut, wenn er einen Schokokuchen isst. Doch während es bei einem gesunden Menschen bei einem oder zwei Kuchenstücken bleibt, reicht einer Person mit geringem Selbstwertgefühl dieses Kuchenstück nicht aus. Sie will dieses Glücksgefühl, das ein Stück Kuchen ihr gegeben hat, beibehalten und das schafft sie nur, wenn sie nicht aufhört zu essen, bis ihr schlecht wird und der komplette Kuchen weg ist.

Zu viel Zuckerkonsum kann neben dem Übergewicht natürlich auch noch weitere Krankheiten mit sich bringen. Beispielsweise Diabetes.

Doch nicht nur Übergewicht spielt bei Menschen mit geringem Selbstwert eine Rolle. Auch Untergewicht ist sehr wahrscheinlich. Dieses kann auch aus dem Gedanken der Kontrolle entstehen. Nach dem Motto: „Wenn ich schon keine Kontrolle über meinen inneren Selbstwert habe, kann ich ja wenigstens meinen Körper kontrollieren und abnehmen, um mehr Selbstwert zu erlangen“. Und somit begingen die Menschen, sich runterzuhungern, weil sie dadurch das Gefühl bekommen, wenigstens etwas Kontrolle über ihr chaotisches Leben zu haben oder/und weil sie denken, dass ihr Selbstwertgefühl schon steigen wird, wenn sie weniger wiegen.

Das ist natürlich nicht wahr. Denn wahrer Selbstwert kommt von innen. Und wer sich und seinen Körper liebt, der zeigt ihm das nicht durchs Herunterhungern. Ganz im Gegenteil. Das Runterhungern wie auch das starke Zunehmen sind keine Maßnahmen, die zu einem besseren Selbstwertgefühl führen, sondern die Folgen eines viel zu niedrigen Selbstwertgefühls.

GEGENSEITIGE ABLEHNUNG

Ein Mensch, der sich selber ablehnt und sich nicht so akzeptieren kann, wie er ist, stößt nicht nur auf seine eigene Ablehnung gegen sich selber. Er strahlt so ein negatives Gefühl über sich selbst aus, dass sich dieses Gefühl auch auf seine Mitmenschen überträgt. Das führt dann dazu, dass auch seine Mitmenschen ihn ablehnen. Wie soll jemand etwas Positives an einer Person feststellen können, wenn diese ihren Fokus nur auf all ihre Mängel legt und sich selber ständig runtermacht. Solche Menschen machen es einem schwer, auch die guten Seiten in ihnen zu sehen. Außerdem sind solche Menschen anstrengend und ziehen jeden, der sie umgibt, ebenfalls runter.

Niemand möchte von einer Person umgeben sein, die ständig nur meckert und alles und jeden schlechtredet. Der Kontakt zu so einer Person führt nur zu schlechter Laune und Negativität. Wieso sollte man so jemanden also zum Freund haben wollen. Lieber sucht man sich doch eine positive Person, die gut über sich selber denkt, eine positive Ausstrahlung hat und immer für gute Laune sorgt. Personen mit einem geringen Selbstwertgefühl lehnt man hingegen viel lieber ab.

Ein selbstwertloser Mensch wird nicht nur von seinen Mitmenschen abgelehnt, sondern lehnt diese auch selber ab. Denn wieso sollte er jemanden, der ihn ablehnt, nicht auch ablehnen. Und schon beginnt mal wieder das Suchen der Fehler bei allen anderen, nur nicht bei sich selbst. Natürlich ist der Rest der Welt für das eigene mangelnde Selbstwertgefühl verantwortlich und natürlich sind alle Menschen böse und wünschen einem nur das Schlechteste.

Dieses Ablehnen kann schwere Folgen mit sich bringen. Ein Beispiel wäre Kindesmisshandlung. Denn irgendwo muss eine Person mit einem mangelnden Selbstwertgefühl ihre Wut und ihren Hass auf die Welt ja rauslassen. Oft trifft es dann das eigene Kind. Das bedeutet natürlich nicht, dass jeder Mensch ohne Selbstwert Kinder misshandelt, aber dazu kommen kann es auf jeden Fall. Oft wird das Kind auch für das eigene Unglück verantwortlich gemacht, da die Fehler ja wie gesagt immer bei den anderen und nicht bei sich selbst gesucht werden. Dadurch entsteht Wut auf dieses Kind und es wird abgelehnt.

Ein so gut wie nicht vorhandenes Selbstwertgefühl kann außerdem in einer narzisstischen Persönlichkeitsstörung enden. Obwohl Narzissten auf den ersten Blick so rüberkommen, als seien sie die selbstbewusstesten Menschen der Welt, dient dieses Auftreten eigentlich nur ihrem eigenen Selbstschutz. Denn eigentlich sind sie unfassbar unsicher. Nicht nur das eigene Kind kann sehr schwer darunter leiden, sondern auch der Partner. Denn Narzissten wickeln diesen erst einmal um den kleinen Finger, um ihn dann mental zu zerstören.

Man hört ja immer wieder Gruselgeschichten von toxischen Beziehungen und fragt sich, wie ein Mensch nur so schrecklich mit jemandem umgehen kann, den er eigentlich lieben sollte. Ein geringes Selbstwertgefühl kann dazu führen, dass man selber zu diesem toxischen Part wird.

STARKER NACHLASS DER EIGENEN LEISTUNGEN

Ein Mangel an Selbstwertgefühl hat nicht nur einen Einfluss auf die eigene Gesundheit und die Beziehungen zu anderen Menschen, sondern äußert sich auch in der Qualität der eigenen Leistungen. Denn ein geringes Selbstwertgefühl führt zu schwächeren Leistungen. Um nämlich gute Leistungen zu erbringen, muss man erstens an sich selber glauben und zweitens an sich selber arbeiten. Jemand mit einem geringen Selbstwertgefühl jedoch macht beides nicht.

Geringer Selbstwert führt dazu, dass man nicht an sich und seine Stärken glaubt und deswegen auch nicht an sich arbeiten möchte. Denn wenn man sowieso denkt, dass man in allem schlecht ist und nichts im Leben erreichen wird, dann lohnt es sich schließlich ja auch nicht, überhaupt noch irgendwas zu versuchen. Aufgeben erscheint in so einem Moment viel einfacher.

Wer weder an sich glaubt noch an sich arbeiten will, der kann gar keine guten Leistungen erbringen, weil er nicht die Möglichkeit hat, sich zu verbessern. Und selbst wenn die Person in etwas gut ist, ist sie so sehr vom Gegenteil überzeugt, dass sie selbst Aufgaben, für die sie eigentlich wie geschaffen ist, nicht zufriedenstellend angehen und lösen kann.

Ein guter Koch, dessen Selbstwertgefühl zerstört ist und der davon überzeugt ist, dass er überhaupt nicht gut kochen kann, wird auch tatsächlich nicht gut kochen können. Denn es erfordert einen gewissen Selbstwert und vor allem Selbstvertrauen, um etwas zu schaffen. Wenn beides fehlt, kann man nur scheitern. Und wenn das Selbstvertrauen des Kochs nicht steigt und er keinen Sinn darin sieht, an sich und seinen Kochkünsten zu arbeiten, dann wird er bald schon tatsächlich kein guter Koch mehr sein, weil er keinen Fortschritt, sondern sogar einen Rückschritt erreichen wird, was seine Leistungen betrifft.

Der Koch bekommt also letztendlich den ultimativen Beweis dafür, dass er tatsächlich nicht gut kochen kann. Das liegt aber nicht daran, dass er generell schlecht in dem ist, was er tut, sondern nur daran, dass er nicht an sich selber glaubt und nicht an sich selber arbeitet. Doch durch diesen Leistungsnachlass kann er dann sagen: „Ich hab doch gesagt, ich kann nicht kochen. Ich bin nichts wert“. Sein Selbstwertgefühl sinkt noch weiter, was dazu führt, dass er noch weniger an sich glaubt und noch weniger Motivation hat, an sich zu arbeiten. Seine Leistungen werden noch schlechter und sein Selbstwertgefühl sinkt noch weiter.

All das bringt schwere Folgen mit sich. Je mehr seine Leistungen nachlassen, desto wahrscheinlicher wird es, dass der Koch seinen Job verliert, in eine Depression reinrutscht oder dass ihn sein Partner verlässt, weil es fast unmöglich ist, mit einem Menschen zusammen zu sein, der überhaupt keinen Selbstwert hat.

VIELE TEUFELSKREISE UND ABWÄRTSSPIRALEN

Ein geringes Selbstwertgefühl bringt sehr viele Abwärtsspiralen und Teufelskreise mit sich. Ein Beispiel für so eine Abwärtsspirale haben wir Ihnen gerade eben bereits vorgestellt. Der Koch zweifelt so sehr an sich selbst, dass seine Leistungen tatsächlich nachlassen, was ihn wiederum noch mehr an sich zweifeln lässt, wodurch seine Leistungen noch schwächer werden.

Doch nicht nur in Bezug auf die eigenen Leistungen kann ein geringes Selbstwertgefühl einen äußerst negativen Einfluss haben und einen Teufelskreis entstehen lassen. Auch in anderen Bereichen des Lebens können solche Abwärtsspiralen entstehen. Deswegen stellen wir Ihnen nun zwei weitere Beispiele vor.

Beispiel 1: Ninas Selbstwertgefühl ist sehr niedrig. Doch sie nimmt ihren ganzen Mut zusammen, um endlich den Mann anzusprechen, dem sie schon seit Monaten hinterherschwärmt. Doch dieser erteilt ihr eine Abfuhr. Er erklärt ihr, dass er seit fünf Jahren eine Freundin hat und daher kein Interesse an Nina hat.

Nina nimmt das Ganze aufgrund ihres mangelnden Selbstwertgefühls total persönlich. Ihr Selbstwert sinkt noch weiter. Sie traut sich von nun an gar nicht mehr, irgendwelche Männer anzusprechen. Sie ist sich nun sicher, dass sie es sowieso nicht wert ist, von einem Mann geliebt zu werden.

Je länger Nina keinen Freund hat, desto größer ist für sie die Bestätigung, dass sie wertlos ist. Und je wertloser sie sich fühlt, desto mehr zieht sie sich zurück, sodass sie gar keine Chance mehr hat, neue Leute, geschweige denn neue Männer kennenzulernen. Das wiederum löst einen noch größeren Selbstwertmangel aus. Nina geht jetzt nur noch für das Allernötigste aus dem Haus. Die Chancen, Leute überhaupt zu treffen, geschweige denn kennenzulernen, sind unfassbar gering und Ninas Selbstwertgefühl sinkt noch weiter, weil sie immer noch keinen Freund hat. Sie ist in einer Abwärtsspirale gefangen.

Beispiel 2: Robert hat ein geringes Selbstwertgefühl. Er will trotzdem versuchen, sich etwas Gutes zu tun und fängt damit an, dreimal die Woche Sport zu machen. Doch schon bald denkt er: „Wieso sollte ich mich überhaupt so fit halten, ist doch sowieso egal, wie es mir geht. Außerdem werde ich eh scheitern". Robert findet nicht, dass er es wert ist, sich um sich selber zu kümmern und glaubt nicht an sich. Er lässt sich gehen, bewegt sich weniger und achtet kaum auf seine Ernährung.

Nachdem er schon außer Puste ist, wenn er die Treppe in den zweiten Stock benutzt und auch ein paar Kilos zugelegt hat, sagt er sich: „Ich hab doch gesagt, dass ich es eh nicht schaffen werde, fit zu bleiben. Ich bin es gar nicht wert, es überhaupt noch zu versuchen". Roberts Selbstwertgefühl sinkt, weil sein Versuch, sich fit zu halten, gescheitert ist. Er lässt sich komplett gehen und wird immer unsportlicher. Dadurch sinkt sein Selbstwertgefühl, wodurch er noch weniger Motivation hat, sich etwas Gutes zu tun. Und das wiederum lässt seinen Selbstwert noch ungesünder werden. Auch Robert hängt in einem Teufelskreis fest.

Er gerät in eine Abwärtsspirale, die ihn immer weiter runterzieht und immer mehr Folgen mit sich bringt. Aus diesem Teufelskreis wieder rauszufinden, ist unfassbar schwer. Das ganze Leben kann dadurch auseinanderbrechen. Deshalb lohnt es sich, jetzt sofort damit zu beginnen, an seinem Selbstwertgefühl zu arbeiten. Denn je länger man wartet, desto weiter sinkt der Selbstwert, desto tiefer gerät man in die verschiedensten Abwärtsspiralen und desto schwerer wird es, dort wieder rauszukommen.

Wir hoffen, dass die von uns aufgezählten schweren Folgen eines mangelnden Selbstwertgefühls Sie nun endgültig dazu motiviert haben, bei unserer Schritt-für-Schritt-Anleitung mitzumachen, um Ihren Selbstwert zu steigern, mögliche Folgen zu verhindern und ein glückliches, erfülltes und selbstbestimmtes Leben zu beginnen.

So können Sie Ihr Selbstwertgefühl steigern

Nun haben Sie endlich ausreichend Wissen zum Thema „Selbstwertgefühl" erlangt, sodass Sie selber durchstarten und mit dem Training für einen gesünderen Selbstwert beginnen können. Deswegen folgt nun unsere Schritt-für-Schritt-Anleitung. Insgesamt besteht sie aus zehn Schritten. In jedem Kapitel erklären wir Ihnen, welchen nächsten Schritt Sie gehen müssen, um Ihren Selbstwert zu stärken.

In jedem der zehn Kapitel bekommen Sie außerdem eine konkrete Praxisanleitung, sodass Sie ganz genau wissen, was Sie als Nächstes tun müssen und sich nicht hilflos und allein gelassen fühlen. Denn gerade dann, wenn das eigene Selbstwertgefühl noch nicht so gut ist, kann es sehr hilfreich sein, wenn einen jemand auf seinem Weg an die Hand nimmt und ihn auf diesem Weg begleitet. Und genau das wollen wir auch für Sie tun.

Denken Sie daran, dass das einfache Lesen der nächsten zehn Kapitel Sie nicht plötzlich von heute auf morgen zu einem selbstsicheren Menschen machen wird. Durch das Lesen finden Sie zwar heraus, was genau Sie tun müssen, um Ihren Selbstwert zu steigern, doch steigern wird er sich dadurch nicht. Das Lesen ist erst der Anfang. Um erfolgreich zu werden und positive Ergebnisse zu erzielen, sollten Sie auf jeden Fall unsere Praxistipps anwenden und die Anleitungen aus den Kapiteln in die Tat umsetzen. Nur so werden Sie es schaffen, ein gesundes Selbstwertgefühl zu entwickeln.

Lassen Sie sich Zeit auf Ihrem Weg. Während der eine vielleicht nur ein paar Wochen braucht, um einen bestimmten Schritt zu gehen, kann es bei jemand anderem sogar ein paar Monate dauern. Genauso können Sie auch für Schritt 5 nur zwei Wochen benötigen, während Sie Schritt 6 nach drei Monaten immer noch nicht komplett beherrschen.

Das alles macht überhaupt nichts. Führen Sie sich vor Augen, dass Sie Ihre komplette Lebenseinstellung ändern müssen, um mehr Selbstwertgefühl zu erlangen. Und so eine Umstellung kann schon mal eine Weile dauern. Sie sollte sogar eine Weile dauern. Denn wenn Sie durch die zehn Schritte durchhetzen, ohne diese wirklich zu verinnerlichen, ist es sehr wahrscheinlich, dass Sie schnell wieder rückfällig werden und letztendlich wieder komplett am Anfang stehen.

Lassen Sie sich also alle Zeit der Welt und führen Sie jeden einzelnen Schritt bewusst und intensiv aus. Glauben Sie an sich selbst. Sie werden es schaffen, Ihr Selbstwertgefühl zu stärken, wenn Sie am Ball bleiben.

SCHRITT 1: FINDEN SIE DIE URSACHE FÜR IHREN MANGELNDEN SELBSTWERT

Der allererste Schritt, um seinen Selbstwert zu steigern, ist, überhaupt erst mal herauszufinden, weshalb das eigene Selbstwertgefühl so niedrig ist. Denn dieses ist schließlich nicht ohne Grund so niedrig. Es kann sein, dass es durch eine bestimmte Situation oder eine bestimmte Person ausgelöst wurde. Es kann aber auch sein, dass viele unterschiedliche Ereignisse dazu geführt haben, dass Sie nun ein geringes Selbstwertgefühl haben. Nun geht es darum, herauszufinden, welche Ursache oder Ursachen Ihrem schwachen Selbstwert zugrunde liegen.

Denn wer versucht, seinen Selbstwert zu steigern, ohne überhaupt zu wissen, wieso dieser so schlecht ist, der behandelt im Prinzip nur das Symptom und nicht die Ursache. Am besten ist es jedoch, sich beidem zu widmen: Dem Symptom und der Ursache. Wenn Sie vergangene Erlebnisse, die zu Ihrem geringen Selbstwertgefühl geführt haben, aufarbeiten (Ursachenbehandlung) und nebenbei auch noch an Ihrer momentanen Situation arbeiten und verschiedene Übungen in Ihren Alltag integrieren, die Ihr Selbstwertgefühl steigern (Symptombehandlung), steht Ihrem neuen, selbstsicheren „Ich“ nichts mehr im Weg.

Bevor wir Ihnen nun zwei Übungen vorstellen, die Ihnen dabei helfen werden, herauszufinden, welche Ursache(n) es für Ihren Mangel an Selbstwertgefühl gibt, ist es uns noch wichtig, Ihnen Folgendes zu sagen: Sollten Sie bei den Übungen und bei dem Versuch, Ihre Ursachen herauszufinden, merken, dass Sie das Ganze überfordert und Sie nicht wissen, wie Sie mit den neuen Erkenntnissen umgehen sollen, legen wir Ihnen sehr ans Herz, sich professionelle Unterstützung zu suchen. Denn einem schwachen Selbstwertgefühl können auch sehr schlimme, traumatische Erlebnisse zugrunde liegen, die Sie bisher erfolgreich verdrängt haben. Diese Erlebnisse nun wieder an die Oberfläche zu holen, kann Sie also natürlich sehr überfordern. In diesem Fall weiß ein Psychotherapeut am besten, wie Sie ganz individuell an die Sache herangehen können, ohne sich selbst dabei zu überfordern. Sie müssen durch diesen Prozess auf keinen Fall alleine gehen, wenn Sie das nicht möchten. Vergessen Sie das nicht.

Und nun zu den Übungen.

Übung 1: Vergangenheitsmeditation: Bei dieser Übung reisen Sie in Ihren Gedanken in Ihre Kindheit und erleben verschiedene Situationen noch einmal neu. Sie erinnern sich an verschiedene Ereignisse aus Ihrer Kindheit. Vor allem konzentrieren Sie sich dabei auf einschneidende Erlebnisse, also Erlebnisse, die Sie in irgendeiner Art und Weise geprägt haben. So gleiten Sie in Gedanken von Ihrer Kindheit zu Ihrer Jugend und immer weiter, bis Sie in der Gegenwart ankommen. Sehr wahrscheinlich werden Ihnen bei der ersten Meditation nicht sehr viele einschneidende Erlebnisse einfallen und Sie werden nicht sofort die Ursache für Ihr mangelndes Selbstwertgefühl finden. Machen Sie diese Vergangenheitsmeditation also am besten einmal täglich nach dem Aufstehen oder vor dem Schlafengehen, bis Sie das Gefühl haben, zu einem befriedigenden Ergebnis gekommen zu sein und am besten auch viele „Aha-Momente“ gehabt zu haben.

Nehmen Sie sich für die Meditation etwa 10 - 15 Minuten Zeit. Je öfter Sie meditieren, desto länger und intensiver werden Sie das tun können. Für den Anfang reichen aber erst mal die 10 - 15 Minuten vollkommen aus.

Achten Sie darauf, dass Sie ungestört sind. Machen Sie es sich bequem. Es ist ganz egal, ob Sie beim Meditieren sitzen oder liegen. Schließen Sie Ihre Augen, nehmen Sie ein paar tiefe Atemzüge und versuchen Sie, Ihren Körper komplett zu entspannen. Konzentrieren Sie sich ein paar Minuten nur auf Ihren Atem, bis Sie tiefenentspannt sind.

Beginnen Sie nun, Ihren Fokus auf Ihre Vergangenheit zu lenken. Fangen Sie bei Ihrer Kindheit an. Sie müssen dabei nicht chronologisch vorgehen. Das ist auch überhaupt nicht möglich. Schließlich erinnern Sie sich ja auch nicht an jedes Detail und jede Reihenfolge, von Ihrer Geburt an bis zum jetzigen Zeitpunkt. Konzentrieren Sie sich einfach auf Ihre gesamte Kindheit. Folgende Fragen könnten Ihnen dabei helfen, Antworten zu finden:

- An welche fünf Erlebnisse, ob gute oder schlechte, erinnere ich mich am besten?
- Was hat mich unfassbar verletzt?
- Was hat mich so sehr geschockt, dass ich diesen Schock sehr lange verarbeiten musste?
- Welche Menschen haben mich am meisten umgeben?
- Waren diese Menschen alle nett zu mir oder gab es welche, die mir überhaupt nicht guttaten?
- Wovor hatte ich Angst?
- Was hat mich traurig gemacht?
- Welches einschneidende Erlebnis hat mich lange beschäftigt oder tut es sogar noch immer?
- Was ist das Beste, das mir passiert ist?

- Was ist das Schlimmste, das mir passiert ist?

Fokussieren Sie sich nun auf Ihre Jugend und stellen Sie sich diese und andere Fragen, die Ihnen noch einfallen. Anschließend konzentrieren Sie sich auf Ihr Leben als erwachsener Mensch, bis Sie in der Gegenwart ankommen.

Beenden Sie die Meditation, indem Sie sich erneut ein paar Minuten auf Ihre Atmung konzentrieren, bis Sie schließlich die Augen öffnen.

Was haben Sie herausgefunden? Schreiben Sie all Ihre Erkenntnisse sofort auf, und zwar nach jeder Meditation. Nach einigen Wochen können Sie sich das Aufgeschriebene nochmal durchlesen. Sie werden bestimmt Muster und Zusammenhänge erkennen, die Ihnen dabei helfen werden, herauszufinden, woher Ihr mangelndes Selbstwertgefühl kommt.

Übung 2: Beobachten und Hinterfragen: Bei der zweiten Übung geht es nicht darum, sich auf Ihre Vergangenheit zu konzentrieren, sondern auf Ihre Gegenwart. Denn auch das kann Ihnen enorm dabei helfen, herauszufinden, woher Ihr mangelndes Selbstwertgefühl kommt. Die Übung besteht aus dem Beobachten und dem Hinterfragen.

Versuchen Sie, so gut es geht, darauf zu achten, wann Ihr Selbstwert im Alltag besonders niedrig und wann besonders hoch ist. Das kann nämlich variieren. Wie selbstsicher und wertvoll fühlen Sie sich in welcher Situation, zu welcher Tageszeit, mit welchen Menschen, Aufgaben und unter welchen Bedingungen?

Wann ist Ihr Selbstwert besonders niedrig und wann besonders hoch? Wann fühlen Sie sich besonders gut und sicher und wann besonders schlecht und unsicher?

Schreiben Sie Ihre Erkenntnisse auch diesmal nieder und versuchen Sie, Muster und Verbindungen zu erkennen. Vielleicht stellen Sie nach einer Woche ja zum Beispiel fest, dass Sie sich in Gegenwart eines bestimmten Freundes besonders unsicher fühlen. Auf der Arbeit hingegen fühlen Sie sich besonders sicher. Fragen Sie sich, woran es liegen könnte, dass bestimmte Situationen und Menschen in Ihrem Alltag Ihren Selbstwert sinken lassen und andere ihn stärken. Hat dieser Freund vielleicht mal etwas zu Ihnen gesagt, dass Sie getriggert hat? Vielleicht hat er ja einen Witz über Ihr Gewicht gemacht, was Sie sehr verletzt hat, da Sie schon als Kind deswegen gemobbt wurden. Fühlen Sie sich auf der Arbeit besonders selbstsicher, weil Sie schon immer gute Leistungen erbracht und dafür gelobt wurden? In dem Fall wäre Ihr ungesundes Selbstwertgefühl aufgrund vergangener Erfahrungen bezüglich Ihres Körpers entstanden und nicht aufgrund von mangelnder Anerkennung für Ihre Leistungen.

Schauen Sie sich auch die Ergebnisse der ersten Übung an. Finden Sie irgendwelche Zusammenhänge zwischen den Schwankungen Ihres Selbstwerts im Alltag und den Dingen, die Sie in Ihrer Vergangenheit erlebt haben?

Je länger und intensiver Sie diese beiden Übungen machen, desto mehr Klarheit werden Sie bekommen und mit etwas Geduld wird sich der Grund für Ihr mangelndes Selbstwertgefühl nach und nach herauskristallisieren.

SCHRITT 2: ERSTELLEN SIE EINEN PLAN, UM AN DIESEN URSACHEN ZU ARBEITEN

Sie haben nun herausgefunden, woran es liegt, dass Ihr Selbstwertgefühl so niedrig ist. Doch dieses Wissen allein wird Ihnen Ihren Selbstwert natürlich nicht zurückgeben. Deswegen geht es nun darum, Ideen zu sammeln, wie Sie Ihr Selbstwertgefühl wiederherstellen könnten. Und wenn Sie diese Ideen gesammelt haben, können Sie daraus einen konkreten Plan für mehr Selbstwertgefühl erstellen.

Es gibt viele verschiedene Ansätze, um so einen Plan zu erstellen.

Wir stellen Ihnen nun vier verschiedene Übungen vor, die Teil Ihres Plans sein könnten. Vielleicht gefallen Ihnen alle vier Übungen, vielleicht aber auch gar keine davon und Sie erstellen sich lieber Ihren ganz persönlichen Plan. In diesem Fall dienen die folgenden Übungen Ihnen hoffentlich zumindest als Inspiration.

Übung 1: Die Liste: Schreiben Sie eine Liste mit den Dingen, die sich im ersten Schritt herauskristallisiert haben. Was haben Sie über sich herausgefunden? Welche Ursachen gibt es für Ihren mangelnden Selbstwert? In welchen Bereichen Ihres Lebens verspüren Sie ein besonders geringes Selbstwertgefühl und woran liegt das?

Überlegen Sie nun, wie Sie mit diesen Ursachen umgehen und gegen Ihre Probleme vorgehen könnten.

Beispiel: Nehmen wir mal an, Sie finden heraus, dass Ihr geringes Selbstwertgefühl sich vor allem auf Ihren Körper bezieht, weil Sie schon als Kind gemobbt wurden, weil Sie etwas mehr gewogen haben als die anderen Kinder. Ein Ansatz, um gegen Ihr zerstörtes Selbstwertgefühl vorzugehen, wäre in diesem Fall also, sich intensiv mit Ihrem Körper zu beschäftigen und nach und nach zu lernen, zu akzeptieren, dass Ihr Körper gut so ist, wie er ist und dass Sie sich auch mit ein paar mehr Kilos auf den Rippen wohlfühlen können.

Ihren Selbstwert könnten Sie zum Beispiel wiedererlangen, indem Sie sich auf das konzentrieren, was Ihnen an Ihrem Körper besonders gut gefällt und „Makel" aus einem anderen Blickwinkel sehen. Sie könnten sich außerdem übergewichtige Models ansehen oder generell selbstsichere, übergewichtige Menschen, die zu ihrem Körper stehen und andere dazu inspirieren, dasselbe zu tun.

Nach und nach werden Sie merken, dass sich Ihre Sicht auf Ihren Körper und somit auch Ihr Selbstwert verändern werden.

Übung 2: Negative Glaubenssätze beseitigen: Wenn Sie

herausgefunden haben, welche Gründe es für Ihr geringes Selbstwertgefühl gibt, können Sie daraus auch schließen, welche negativen Glaubenssätze Sie in Ihrem Leben begleiten.

Bleiben wir beim Beispiel mit dem Übergewicht. In diesem Fall wären Ihre negativen Glaubenssätze zum Beispiel: „Nur wer dem Schönheitsideal entspricht, ist schön“ oder „Wer übergewichtig ist, wird von anderen Menschen nicht geliebt“.

Schreiben Sie all Ihre negativen Glaubenssätze auf und formulieren Sie diese zu positiven Affirmationen um, wie zum Beispiel: „Ich bin schön, auch wenn ich nicht dem Schönheitsideal entspreche“ oder „Ich werde geliebt, egal, ob ich übergewichtig bin oder nicht“.

Schreiben Sie diese positiven Affirmationen auf und sehen Sie sie als Teil Ihres Plans zu mehr Selbstwertgefühl.

Übung 3: Das Dankbarkeitstagebuch: Besorgen Sie sich ein kleines Notizbuch, das ausschließlich dem Zweck dienen soll, Ihre Dankbarkeit niederzuschreiben. Wer selbstwertlos ist, verliert diese Dankbarkeit nämlich sehr schnell und sieht nur das Negative. Dankbarkeit kann zu einem starken Selbstwert verhelfen.

Im Fall des Selbstwertmangels aufgrund Ihres Übergewichts wäre es also sinnvoll, ein Dankbarkeitstagebuch über Ihren Körper zu führen und dort täglich Dinge reinzuschreiben, für die Sie dem Körper dankbar sind. Zum Beispiel könnten Sie loswerden, dass Sie dankbar dafür sind, gesund zu sein, dass der Körper Sie immer und überall hinträgt und dass er Sie beschützt.

Sich klarzumachen, dass es so viele Dinge gibt, für die man dankbar sein sollte, anstatt sich zu schämen, steigert auf lange Sicht das Selbstwertgefühl.

Übung 4: Die Arbeit mit dem inneren Kind: Unsere Kindheit prägt uns unglaublich und viele negativen Glaubenssätze und Erlebnisse, die zu einem geringen Selbstwert führen, entstehen und passieren in der Kindheit. Deswegen ist es sehr sinnvoll, sich mit seinem inneren Kind und dessen Verletzungen auseinanderzusetzen. So können prägende Erlebnisse aufgearbeitet und das Selbstwertgefühl gestärkt werden.

Am besten arbeiten Sie mit Ihrem inneren Kind zusammen mit einem Psychotherapeuten.

SCHRITT 3: INTEGRIEREN SIE DEN ERSTELLTEN PLAN IN IHREN ALLTAG

Sobald Sie Ihren persönlichen Plan für das Steigern Ihres Selbstwertgefühls erstellt haben, geht es darum, diesen Plan in die Tat umzusetzen. Je nach Übung können Sie diese entweder ganz einfach in Ihren Alltag einfließen lassen oder müssen sich extra Zeit dafür nehmen. Beides ist sehr wichtig. Konkrete Übungen sind intensiver und bringen mehr Ergebnisse als Übungen, die nebenbei im Alltag gemacht werden.

Übungen für den Alltag jedoch sind vor allem wichtig, um ein Gefühl dafür zu bekommen, wie es ist, ein Mensch mit gesundem Selbstwert zu sein. Es bringt schließlich nichts, wenn Sie zu Hause üben und sich total wertvoll fühlen, aber dieses Selbstwertgefühl sofort wieder verschwindet, wenn Sie das Haus verlassen. Deswegen ist das Integrieren einiger Übungen in den Alltag auch so wichtig.

Konkrete Übungen: Überlegen Sie sich, wie genau Sie Ihren erstellten Plan nun in die Tat umsetzen möchten. Am besten fangen Sie klein an und steigern sich dann immer weiter. Es hat nämlich keinen Sinn, wenn Sie direkt jeden Punkt auf Ihrem Plan umsetzen. Von 0 auf 100 zu gehen, ist nie gut. Sie werden sich schnell überfordert fühlen und aufgeben. Und das wiederum wird an Ihrem Selbstwert nagen, wodurch Sie noch weniger Motivation haben werden, Ihren Plan zu verwirklichen. So geraten Sie in die Abwärtsspirale, von der wir Ihnen bereits erzählt haben.

Suchen Sie sich also einen oder zwei Punkte aus Ihrem Plan aus und setzen Sie erst mal diese um. Sobald Sie merken, dass Sie in den zwei Punkten gut geübt sind, kommen ein dritter und schließlich auch ein vierter Punkt dazu, bis Sie letztendlich Ihren kompletten Plan umsetzen.

Fangen Sie zum Beispiel damit an, Ihre neuen, positiven Affirmationen auswendig zu lernen und sich diese jeden Morgen und jeden Abend zehn Mal vorzusagen. Schon bald werden Sie merken, wie sich Ihr Selbstwertgefühl durch diese Affirmationen bessern wird.

Sobald diese Übung ein selbstverständlicher Teil Ihres Alltags geworden ist, können Sie eine zweite Übung dazu nehmen und zum Beispiel damit beginnen, jeden Abend drei Dinge in Ihr Dankbarkeitstagebuch zu schreiben, für die Sie an diesem Tag dankbar waren. Am besten in Bezug auf Ihren Triggerpunkt (Beispiel: Übergewicht).

Nach und nach kümmern Sie sich um immer mehr Punkte auf Ihrem Plan. Irgendwann können Sie zum Beispiel damit beginnen, sich Bücher zum Thema „Inneres Kind" zu kaufen oder einen Therapeuten zu suchen, der Sie auf Ihrer Reise zu mehr Selbstwertgefühl begleitet.

Und so werden Sie langsam, aber sicher, nach und nach, einen gesunden Selbstwert erreichen.

Kleine Übungen für zwischendurch im Alltag: Neben den ganzen konkreten Übungen, für die Sie sich täglich bewusst Zeit nehmen, sollten Sie auch damit beginnen, sich in Ihrem Alltag immer wieder daran zu erinnern, an Ihrem Selbstwertgefühl zu arbeiten.

Im Falle des mangelnden Selbstwertgefühls aufgrund Ihres Körpergewichts könnten Sie sich zum Beispiel fest vornehmen, immer dann, wenn sich im Alltag ein negativer Glaubenssatz in Ihren Kopf schleicht, diesen sofort durch die dazu passende, positive Affirmation zu ersetzen. Oder immer dann, wenn Sie merken, dass Sie sich besonders unsicher fühlen, dann erst recht so zu tun und zu handeln, als seien Sie der selbstsicherste Mensch auf der ganzen Welt. Das erfordert sehr viel Überwindung, zahlt sich nach dem Prinzip „Fake it till you make it" aber auf jeden Fall aus.

Die Kombination aus konkreten Übungen und Vorgehensweisen für ein stärkeres Selbstwertgefühl und dem Einfließen einiger Übungen in den Alltag wird dazu führen, dass sich Ihr Selbstwert nach und nach steigern wird.

SCHRITT 4: ÄNDERN SIE IHRE EINSTELLUNG ZUM LEBEN

Um mehr Selbstwertgefühl zu erlangen, müssen Sie Ihre Einstellung zum Leben ändern. Denn ein mangelndes Selbstwertgefühl geht in den meisten Fällen mit einer allgemeinen, negativen Einstellung zum eigenen Leben einher. Denn wie Sie ja bereits wissen, gibt ein selbstwertloser Mensch sehr gerne anderen die Schuld für seinen Selbstwertmangel, ist oft neidisch auf andere und liebt es, zu meckern. Alles ist immer schlecht und es gibt ja sowieso nichts, worüber man sich freuen könnte.

Mit so einer Einstellung werden Sie es mit Sicherheit nicht schaffen, Ihr Selbstwertgefühl zu steigern. Denn wie soll jemand, der über Gott und die Welt stets nur negative Gedanken äußert, es schaffen, zu sich selber eine positive Einstellung zu entwickeln. Das ist so gut wie unmöglich. Jemand, der hingegen mit einer positiven Einstellung durch das Leben geht, entwickelt automatisch auch viel schneller eine positive Einstellung zu sich selbst, wodurch sich der Selbstwert enorm steigert.

Der Plan zu mehr Selbstwertgefühl, den Sie ja im dritten Schritt begonnen haben, in die Tat umzusetzen, wird Ihnen auf jeden Fall dabei helfen, eine positivere Lebenseinstellung zu erreichen. Doch es gibt natürlich auch noch weitere Übungen, die Sie diesem konkreten Ziel näherbringen. Zwei dieser Übungen, die wir besonders hilfreich und effektiv finden, stellen wir Ihnen nun vor.

Übung 1: In jeder negativ scheinenden Situation das Positive sehen: Im Alltag gibt es viele Situationen, über die man sich stundenlang ärgern und aufregen könnte. Und zwar nicht nur im Leben eines selbstwertlosen Menschen, sondern natürlich auch im Leben eines Menschen mit einem gesunden Selbstwertgefühl. Denn nur, weil jemand ein gesundes Selbstwertgefühl hat, bedeutet das noch lange nicht, dass ihm nur Gutes widerfährt und er niemals vor Problemen steht. Auch ein selbstwertvoller Mensch erlebt tagtäglich Situationen, auf die er gerne verzichtet hätte und über die auch er sich stundenlang aufregen könnte. Aber das tut er nicht.

Wenn ein selbstwertloser Mensch, der sich jeden Tag über sein Leben aufregt, einen positiven, stets gut gelaunten, selbstwertvollen Menschen trifft, kommen schnell Gedanken auf wie: „Der hat es gut. Dem passiert nie etwas Schlimmes im Leben. Kein Wunder, dass er so ein starkes Selbstwertgefühl hat. Wenn ich er wäre, würde ich auch so strahlen. Aber so ein Glück im Leben muss man erst mal haben“.

Aber dieser Mensch, der ein starkes Selbstwertgefühl hat, hat kein Glück. Ihm passieren nämlich ebenfalls blöde Dinge im Leben, genauso wie dem Menschen mit geringem Selbstwertgefühl. Nur hat dieser eine ganz andere Art und Weise mit solchen Situationen umzugehen. Denn anstatt sich über das nervige Ereignis zu beschweren und nur zu meckern, versucht ein selbstwertvoller Mensch immer das Positive in einer Situation zu sehen und nach Lösungen zu suchen, anstatt sich zu beschweren. Und genau das sollten Sie von nun an auch immer versuchen.

Beispiel 1: Sie haben Ihren alten Job gekündigt, um in einem neuen Unternehmen anzufangen. Kurzfristig erfahren Sie jedoch, dass Sie den Job, den Sie sich so sehr gewünscht haben, doch nicht bekommen können. Sie können nun entweder frustriert sein und sich wochenlang darüber aufregen, dass Sie nun arbeitslos sind oder Sie sehen das Positive in der Situation. Das könnte zum Beispiel sein, dass Sie nach jahrelanger, harter Arbeit endlich mal etwas mehr Zeit für Ihre Familie haben und die

Zeit zusammen genießen können, während Sie sich nach einem neuen Job umsehen.

Beispiel 2: Sie kommen nach Hause und merken, dass Ihre Katze Ihre komplette Tapete im Wohnzimmer zerkratzt hat. Sie können sich nun entweder total darüber ärgern und wütend auf die Katze sein oder Sie sehen das Positive in der Situation und denken lösungsorientiert. Ihr Wohnzimmer wollten Sie nämlich sowieso schon seit Ewigkeiten renovieren. Jetzt haben Sie endlich die Möglichkeit dazu. Hätte Ihre Katze Ihre Tapete nicht zerkratzt, würden Sie die Renovierung immer noch vor sich herschieben.

Es gibt immer verschiedene Möglichkeiten, auf das Leben zu blicken. Wenn etwas Blödes passiert, können Sie daran sowieso nicht viel ändern. Es ist schließlich schon passiert. Sie können aber entscheiden, wie Sie mit der jeweiligen Situation umgehen.

Nehmen Sie sich also vor, von nun an in jeder noch so schrecklichen Situation etwas Positives zu sehen. Anfangs wird das gar nicht so einfach sein, doch mit der Zeit werden Sie merken, dass Ihnen das immer leichter fallen wird und auch Ihr Selbstwertgefühl dadurch steigen wird. Probieren Sie es aus.

Diese Übung können Sie nicht nur in Ihren Alltag integrieren, sondern auch konkret durchführen. Nehmen Sie sich jeden Abend vor dem Schlafengehen vor, den Tag nochmal Revue passieren zu lassen. Denken Sie an alle schönen Situationen und seien Sie dankbar für diese. Denken Sie aber auch an alle nicht so schönen Situationen und versuchen Sie, etwas Positives aus ihnen zu ziehen. Das fühlt sich doch gleich um einiges besser an, als sich nur zu ärgern, stimmt´s?

Übung 2: Eine Situation, die Sie glücklich macht: Diese Übung sollten Sie jeden Morgen direkt nach dem Aufwachen machen. Sie wird Ihnen dabei helfen, bereits mit einer positiven Grundeinstellung in den Tag zu starten. Denn wer seinen Tag schon schlecht gelaunt beginnt, der wird im Laufe des Tages Schwierigkeiten haben, positiv zu werden. Wer hingegen mit guter Laune und voller Positivität in den Tag startet, der wird es auch im Laufe des Tages viel einfacher haben, positiv zu bleiben. Nehmen Sie sich kurz Zeit und beantworten Sie die folgenden Fragen:

- Was essen Sie am liebsten?
- Welches ist Ihr Lieblingslied?
- Was ist Ihr liebster Ort?
- Wer gehört zu Ihren allerliebsten Menschen?

Wenn Sie diese vier Fragen beantwortet haben, dann stellen Sie sich folgende Situation vor:

Sie befinden sich mit Ihren allerliebsten Menschen an Ihrem Lieblingsort. Sie essen alle gemeinsam Ihr Lieblingsessen und im Hintergrund läuft Ihr Lieblingslied.

Von nun an stellen Sie sich diese Situation jeden Morgen direkt nach dem Aufwachen vor, damit Sie Ihren Tag mit einem unfassbar schönen und positiven Gedanken beginnen. Sie können sich auch Bilder von Ihren liebsten Menschen, Ihrem Lieblingsort und Ihrem Lieblingsessen an die Wand gegenüber von Ihrem Bett hängen. Diese Bilder sind dann immer das Erste, das Sie nach dem Aufwachen sehen und Sie bekommen direkt gute Laune. Wenn Sie dann auch noch mit Ihrem Lieblingslied in den Tag starten, kann einem Tag voller Positivität nichts mehr im Weg stehen. Und das wiederum steigert Ihr Selbstwertgefühl immer mehr.

SCHRITT 5: AUCH SCHLECHTE TAGE DARF ES GEBEN

Natürlich sollten Sie daran arbeiten, eine positivere Einstellung zum Leben zu erlangen. Nichtsdestotrotz sollten Sie dabei jedoch auf keinen Fall vergessen, dass Sie nicht 24 Stunden am Tag, sieben Tage die Woche, durchgehend mit einem Grinsen im Gesicht durch die Gegend laufen müssen und bloß nichts Negatives denken dürfen.

Es ist nun mal nicht immer alles perfekt. Klar können Sie versuchen, in jeder Situation etwas Positives zu sehen, aber wenn das mal nicht klappt, sollten Sie sich auf keinen Fall dafür verurteilen. Denn es darf auch mal schlechte Tage geben und Sie dürfen sich auch mal schrecklich fühlen und rein gar nichts Positives in einer Situation sehen. Es gibt schließlich keine Regel ohne Ausnahme. Und wenn Sie es schaffen, überwiegend positiv durch Ihr Leben zu gehen, dann ist es auch vollkommen in Ordnung, wenn Sie auch mal negativ drauf sind.

Wer ein starkes Selbstwertgefühl hat, der muss nicht durchgehend glücklich und positiv sein, sondern erlebt auch mal schlechte Tage oder sogar ganze Phasen. Doch ein selbstwertvoller Mensch weiß, dass es sich dabei wirklich nur um Tage oder Phasen handelt, die wieder vorbeigehen werden. Er akzeptiert seine Tiefphasen, steigert sich jedoch nicht in diese hinein und weiß, dass nach einer Tiefphase irgendwann wieder eine Hochphase kommen wird. Er nimmt nicht nur seine positiven Gefühle an, sondern auch seine negativen. Denn auch diese haben ihre Berechtigung und sollten gefühlt werden dürfen. Und genau darum geht es auch in der folgenden Übung.

Übung 1: Gefühle fühlen lernen: Egal, wie hoch Ihr Selbstwertgefühl ist. Nicht nur positive Gefühle gehören zu einem erfüllten Leben dazu, sondern auch negative. Wir alle sind nun mal nur Menschen und können nicht immer nur gut gelaunt durch die Gegend hüpfen. Negative Gefühle sind nicht nur in Ordnung, sie sind sogar sehr wichtig. Denn wenn es keine negativen Gefühle gäbe, gäbe es schließlich auch keine positiven. Wenn es keinen Kontrast und keinen Vergleich gäbe, wären die positiven Gefühle nicht positiv, sondern neutral.

Um Ihre positiven Gefühle also wirklich wertschätzen zu können, benötigen Sie natürlich auch negative.

Ihre negativen Gefühle zu fühlen, anstatt sie zu verdrängen, ist mindestens genauso wichtig, wie Ihre positiven Gefühle zu fühlen. Denn wenn Sie Ihre negativen Gefühle, wie zum Beispiel Wut, Trauer, Angst oder Neid, verdrängen, werden sie früher oder später doch an die Oberfläche gelangen. Nur diesmal total unkontrolliert.

Sobald Sie also ein negatives Gefühl in Ihnen spüren, nehmen Sie es wahr und akzeptieren Sie es. Beobachten Sie dieses Gefühl. Wie fühlt es sich an? Wie nehmen Sie zum Beispiel Wut wahr? Fühlt sie sich an wie ein Feuer in der Brust? Welche Farbe würden Sie Ihrer Wut geben? Wie verändert sich Ihr Körper, wenn Sie wütend sind? Atmen Sie vielleicht schneller und werden Ihre Hände ganz feucht?

Beobachten Sie Ihre Gefühle, ohne sie zu bewerten und lernen Sie, diese zu akzeptieren, anstatt sie zu verdrängen und auf die nächste, unkontrollierte Gefühlsexplosion zu warten.

Durch diese Übung werden Sie lernen, mit Ihren Gefühlen umzugehen und zu wissen, dass jedes Gefühl wichtig ist und auf keinen Fall Ihren Wert bestimmt. Denn nur, weil Sie mal einen schlechten Tag oder eine schlechte Phase in Ihrem Leben mit ganz vielen negativen Gefühlen haben, bedeutet das nicht, dass Sie weniger wert sind.

Auch diese Phase wird vorbeigehen, genauso wie Ihre negativen Gefühle. Sie müssen die Situation nur akzeptieren, geduldig sein und nicht an Ihrem Selbstwert zweifeln.

Übung 2: Die Selfcare-Morgenroutine: Egal, wie schlimm ein Tag war. Es ist wichtig, sich jeden Tag etwas Gutes zu tun. Auch wenn es sich dabei wirklich nur um eine Kleinigkeit handelt. Damit zeigen Sie sich nämlich selbst, dass Sie es sich wert sind, sich um sich zu kümmern. Gerade, wenn Sie einen schlechten Tag hatten, ist es sehr motivierend und beruhigend, dass nicht jede Sekunde dieses Tags schlecht war, sondern dass Sie sich um sich selber gekümmert und sich somit etwas Gutes getan haben.

Am besten führen Sie dazu eine sogenannte „Selfcare-

Morgenroutine" ein und kümmern sich direkt nach dem Aufstehen um sich selbst. Denn so haben Sie immer im Hinterkopf: Egal, wie schrecklich der Tag auch wird, eine schöne Sache haben Sie trotzdem bereits erlebt, und zwar Ihre Morgenroutine.

Natürlich können Sie aus dieser Morgenroutine auch eine Abendroutine machen, jedoch ist die Morgenroutine aus folgendem Grund sinnvoller: Wenn Sie die Selfcare-Morgenroutine durchführen, gehen Sie mit dem Wissen durch den Tag, dass der Tag Ihnen etwas Tolles gebracht hat, obwohl er ansonsten ziemlich schlecht war. Machen Sie die Selfcare-Routine hingegen erst am Abend, haben Sie an einem schlechten Tag nicht im Hinterkopf, dass Sie ja bereits etwas Schönes erlebt haben, denn das haben Sie nicht. Das demotiviert ziemlich. Außerdem kann es gut sein, dass Sie nach einem schlechten Tag gar nicht mehr die Motivation haben werden, noch eine Abendroutine durchzuführen und so bleibt Ihnen vom Tag tatsächlich nichts Positives übrig.

Deswegen empfehlen wir Ihnen, Ihre Selfcare-Routine auf den Morgen zu legen. Wie diese Routine aussieht, müssen Sie entscheiden. Denn was einem Menschen guttut und ihn glücklich macht, ist ganz individuell.

Hier ein paar Ideen für Ihre morgendliche Selfcare-Routine: Meditation, Gesichtsmaske, Kaffee auf dem Balkon trinken, Joggen gehen, ein Dankbarkeitstagebuch führen, seine Sorgen niederschreiben, ein paar Dehnübungen machen, Yoga praktizieren, Musik hören, ein bisschen tanzen, ein Hörbuch hören, eine Folge der Lieblingsserie gucken, etwas malen und so weiter.

SCHRITT 6: FINDEN SIE IHRE WERTE HERAUS

Jemand mit einem starken Selbstwertgefühl kennt seine eigenen Werte und lebt auch nach ihnen. Er tut nichts, was diesen Werten widerspricht. Das führt zu einem glücklichen Leben ohne Widersprüche zwischen den eigenen Werten und dem tatsächlichen Handeln.

Und wer nach seinen Werten lebt, dessen Selbstwertgefühl steigt immer weiter, weil diese Person sich selbst treu bleibt und es sich selbst wert ist, so zu leben, wie sie es für richtig hält.

Ein Mensch mit einem geringen Selbstwertgefühl hingegen lebt meist nicht nach seinen Werten, sondern nach den Werten anderer Menschen. Er tut alles dafür, um anderen zu gefallen und vernachlässigt dabei seine eigenen Werte und moralischen Vorstellungen. Von seinen Mitmenschen gemocht zu werden, ist ihm wichtiger, als nach seinen Werten zu leben. Somit achtet er nicht auf seine Bedürfnisse und vernachlässigt sich selbst, indem er sich nicht ernst nimmt. Das nagt wiederum an seinem Selbstwertgefühl, wodurch er noch mehr Zustimmung von anderen Menschen ersehnt und seine Werte total vergisst. Es entsteht die Ihnen bereits bekannte Abwärtsspirale.

Seine Werte zu kennen und nach ihnen zu leben, ist für einen gesunden Selbstwert essenziell. Mit den folgenden drei Übungen finden Sie heraus, wie Ihre Werte eigentlich aussehen. Denn wenn Sie ein schwaches Selbstwertgefühl haben, kennen Sie wahrscheinlich auch Ihre Werte nicht wirklich.

Übung 1: Ihre Erfolgserlebnisse in Zusammenhang mit Ihren Werten bringen: Wer nach seinen Werten lebt, der wird erfolgreich und glücklich. Wer jedoch nicht nach seinen Werten lebt, der wird seinen Erfolg gar nicht genießen können, weil dieser nicht basierend auf den eigenen Werten entstanden ist. Jemand, dessen Werten es nicht entspricht, Menschen auszubeuten, wird nicht glücklich sein, wenn dieses Ausbeuten ihm zu seinem Reichtum und Erfolg verhilft.

Denken Sie also an die Momente, in denen Sie erfolgreich und wirklich von Herzen glücklich waren. Welche Werte haben Sie verfolgt, um erfolgreich zu werden? Wie haben Sie gehandelt? Was haben Sie getan? Was haben Sie erreicht? Was hat Sie glücklich gemacht? Wem haben Sie geholfen?

Stellen Sie sich all diese Fragen und überlegen Sie, welche Werte die Basis für Ihren Erfolg und Ihr Glück gebildet haben.

Übung 2: Welche Werte haben sich herauskristallisiert? Damit Sie die Ergebnisse der ersten Übung nicht vergessen, schreiben Sie sich diese auf. Welche Werte haben sich bei Ihren Überlegungen herauskristallisiert? Was ist Ihnen in Ihrem Leben wichtig und wie wollen Sie dieses gestalten, um glücklich zu werden?

Nachdem Sie die Werte, die Sie bei der ersten Übung herausgefunden haben, aufgeschrieben haben, überlegen Sie noch ein bisschen weiter. Welche Werte fallen Ihnen unabhängig von Ihren Erfolgserlebnissen noch ein, die für Sie ganz besonders wichtig sind.

Die drei folgenden Fragen können Ihnen dabei helfen, Ihre Werte herauszufinden.

- Was ist Ihnen bei anderen Menschen besonders wichtig (welche Eigenschaften und Fähigkeiten)?
- Was ist Ihnen bei Ihnen selber besonders wichtig?
- Was ist für Sie für ein glückliches, erfülltes Leben besonders wichtig?

Schreiben Sie alles auf, was Ihnen durch den Kopf schießt. Überlegen Sie anschließend, welche der niedergeschriebenen Werte Ihnen ganz besonders wichtig sind. Suchen Sie sich die fünf wichtigsten Werte heraus und streichen Sie diese an.

Übung 3: Leben Sie bereits nach diesen Werten? Schauen Sie sich nun Ihre Werte an, ganz besonders die unterstrichenen. Fragen Sie sich, ob Sie bereits nach diesen Werten leben.

Nehmen Sie sich dafür am besten ein Blatt Papier und schreiben Sie ganz oben die Frage nieder: „Lebe ich nach meinen Werten?“. Schreiben

Sie nun alle Werte untereinander auf. Die unterstrichenen an erster Stelle. Neben Ihren Werten malen Sie zwei kleine Kästchen mit jeweils einem „ja" und einem „nein" daneben.

Beantworten Sie nun die Frage, indem Sie das jeweilige Kästchen hinter den Werten ankreuzen. Schreiben Sie dahinter in Klammern hin, inwieweit Sie nach einem bestimmten Wert leben und inwieweit nicht.

Wie viele „Ja-Kästchen" haben Sie angekreuzt und wie viele „Nein-Kästchen"? Wenn das „Nein" deutlich überwiegt, wissen Sie ja, was Sie von nun an alles ändern müssen. Vor allem, wenn Sie die „Nein-Kästchen" bei den wichtigsten, unterstrichenen Werten angekreuzt haben.

Überlegen Sie nun, was Sie in Ihrem Leben ändern müssen, um schon bald überall „ja", statt „nein" ankreuzen zu können. Versuchen Sie nach und nach, Änderungen in Ihrem Alltag vorzunehmen, damit Sie immer mehr nach Ihren Werten leben und selbstsicherer und glücklicher werden können.

SCHRITT 7: MACHEN SIE SICH BEWUSST, WAS SIE WIRKLICH IM LEBEN WOLLEN

Jemand, dessen Selbstwertgefühl sehr gering ist, der weiß nie so richtig, was er eigentlich möchte. So eine Person geht nicht selbstbewusst durchs Leben, sondern schwankt im übertragenen Sinne hin und her und findet keinen wirklichen Halt. Jemand mit einem starken Selbstwertgefühl hingegen weiß ganz genau, was er möchte. So eine Person hat konkrete Vorstellungen davon, wie sie ihr Leben gestalten möchte und ganz feste Ziele.

Umgekehrt ist das Ganze genauso. Wenn Sie einen geringen Selbstwert haben, können Sie sich feste Ziele in Ihrem Leben setzen und Sie werden bald schon merken, wie sich Ihr Selbstwertgefühl steigern wird. Denn wer weiß, was er wirklich im Leben will und für seine Ziele kämpft, der zeigt sich selber, dass er es sich wert ist, ein Leben zu erschaffen, das er sich wünscht.

Die folgenden drei Schritte können Ihnen dabei helfen, Ihre Ziele im Leben zu finden, um dadurch Ihr Selbstwertgefühl zu steigern. Finden Sie heraus, was Sie möchten und kommunizieren Sie das auch nach außen. Setzen Sie klare Grenzen und beweisen Sie sich selber, dass Sie es sich wert sind.

Schritt 1: Eine Mindmap aus Wünschen und Träumen: Nehmen Sie sich ein Blatt Papier (am besten ein DIN A3 Blatt), legen Sie es quer hin und schreiben Sie in die Mitte des Blattes das Wort „Ziele" hin. Kreisen Sie das Wort ein und malen Sie lauter Linien, die vom eingekreisten Wort nach außen führen. Schreiben Sie nun an das Ende der Linien jeweils immer einen Wunsch, Traum oder eine Zielidee, die Ihnen spontan in den Kopf kommt.

Denken Sie dabei nicht zu viel darüber nach, ob dieses Ziel überhaupt realistisch ist oder total lächerlich, sondern schreiben Sie einfach auf, was Ihnen an Wünschen, Träumen und Zielen durch den Kopf schießt.

Schritt 2: Ziele hinterfragen: Im zweiten Schritt schauen Sie sich Ihre niedergeschriebenen Ziele ganz genau an. Nehmen Sie sich für jeden Punkt Zeit und stellen Sie sich folgende Fragen:

Möchte ich dieses Ziel wirklich erreichen? (Oft erleben wir irgendwelche Tagträumereien und stellen uns vor, wie toll es zum Beispiel wäre, irgendwann mal ins Weltall zu fliegen oder Fallschirm zu springen. Wenn wir jedoch genauer darüber nachdenken, handelt es sich tatsächlich bloß um eine Tagträumerei und in Wirklichkeit wollen wir gar nicht, dass dieser Traum in Erfüllung geht.)

Möchte ich dieses Ziel für mich oder für jemand anderen erreichen? (Ständig erwarten andere Menschen etwas von einem und pflanzen einem Gedanken in den Kopf, bei denen man gar nicht merkt, dass es nicht die eigenen sind. So können Eltern Ihrem Kind zum Beispiel den Wunsch ins Gehirn pflanzen, später mal Medizin zu studieren, indem Sie dem Kind immer wieder vermitteln, wie toll das doch wäre und wie traurig sie es fänden, wenn das Kind nicht Medizin studieren würde. Irgendwann denkt das Kind, das Medizinstudium sei sein eigener Wunsch und nicht der Wunsch der Eltern.)

Ist dieses Ziel mit meinen Werten zu vereinbaren? (Wie Sie ja bereits gelernt haben, werden Sie nur dann wirklich glücklich sein, wenn Ihre Erfolge Ihren Werten entsprechen. Tun sie das nicht, sind sie nicht so viel wert.)

Wenn Sie diese drei Fragen zu jedem der aufgeschriebenen Ziele stellen, werden Sie bald schon herausfinden, welche Ziele Sie wirklich erreichen wollen und welche nicht. Schreiben Sie sich diese Ziele heraus.

Schritt 3: Der Plan und die Umsetzung: Nun haben Sie herausgefunden, was Ihre Ziele im Leben sind. Im dritten und letzten Schritt geht es nun darum, einen konkreten Plan zu erstellen, der Ihnen dabei helfen wird, Ihre Ziele zu erreichen.

Überlegen Sie sich bei jedem Ziel zehn Schritte, die Sie tun müssen, um dieses zu erreichen. Wenn Sie damit fertig sind, suchen Sie sich ein paar Ziele heraus, auf die Sie sich zuerst konzentrieren wollen. Alle Ziele auf einmal erreichen zu wollen, wird nämlich leider nicht funktionieren, sondern Sie nur überfordern. Wenn Sie jedoch mit kleinen Schritten immer wieder an einem neuen Ziel arbeiten, werden Sie merken, wie sich nach und nach Ihr Selbstwertgefühl immer weiter steigern wird und Sie immer glücklicher sein werden.

SCHRITT 8: LERNEN SIE, NEIN ZU ANDEREN ZU SAGEN

Wer ein gesundes Selbstwertgefühl hat, der weiß genau, wo seine

Grenzen sind und wann Schluss mit lustig ist. Deswegen kann ein selbstwertvoller Mensch auch „nein“ sagen, ohne dabei ein schlechtes Gewissen haben zu müssen. Er hat keine Angst davor, verurteilt zu werden, wenn er „nein“ sagt und weiß, dass sein Wert nicht davon abhängt, wie vielen Menschen er zusagt und wie vielen nicht. Und wer danach ein schlechtes Bild von ihm hat, der ist selber schuld.

Ein selbstwertloser Mensch hingegen traut sich oft nicht, „nein“ zu sagen. Er hat Angst davor, verurteilt und nicht gemocht zu werden. Ihm ist es wichtig, was andere Menschen von ihm denken und genau daran macht er auch seinen Wert fest. Es ist sehr schlimm für ihn, wenn er nicht gemocht wird, deswegen macht er immer das, was andere von ihm verlangen, auch wenn er selber das eigentlich nicht machen möchte.

Wollen Sie also mehr Selbstwertgefühl erlangen, müssen Sie lernen, „nein“ zu sagen.

Übung: Erst kurz überlegen und dann erst antworten: Diese Übung ist für den Alltag gedacht. Nehmen Sie sich von nun an vor, Ihren Fokus auf die Fragen zu richten, die Ihnen gestellt werden. Vor allem, wenn es darum geht, ob Sie jemandem einen Gefallen tun können, mit ins Kino gehen oder an einem neuen, großen Projekt mitarbeiten wollen.

Wenn Sie ein geringes Selbstwertgefühl haben und es allen immer recht machen wollen, überlegen Sie wahrscheinlich gar nicht mehr, ob Sie etwas wirklich tun wollen oder nicht, sondern sagen jedes Mal ganz automatisch zu. Doch damit ist jetzt Schluss. Denn von nun an ist Ihre Aufgabe, bei jeder Frage wirklich darüber nachzudenken, was Sie darauf antworten möchten.

Sagen Sie nicht einfach zu, ohne darüber nachzudenken, was Sie da eigentlich gerade gefragt wurden, um sich dann später über Ihre Zusage zu ärgern. Hören Sie Ihrem Gegenüber stattdessen aufmerksam zu, erfragen Sie Details und stellen Sie sich die Situation vor, in die Sie sich begeben würden, wenn Sie „ja“ sagen würden. Wollen Sie sich wirklich in diese Situation begeben oder würden Sie nur zusagen, damit der andere bloß nichts Schlechtes über Sie denkt.

Wenn Letzteres der Fall ist, dann nehmen Sie all Ihren Mut zusammen und sagen Sie „nein". Führen Sie sich dabei immer wieder erneut vor Augen, dass Ihr Wert nicht daran gemessen wird, ob Sie jemandem zu- oder absagen.

Die ersten Male wird es nicht einfach sein, „nein" zu sagen, aber mit der Zeit wird es Ihnen immer leichter fallen und auch Ihr Selbstwert wird sich immer weiter steigern.

Tipp: Sollte es Sie am Anfang noch überfordern, jemandem direkt abzusagen, dann fordern Sie einfach Bedenkzeit ein und bereiten Sie sich in dieser Zeit darauf vor, „nein" zu sagen. So geben Sie sich selber Zeit, um Ihren ganzen Mut zusammenzunehmen. Wenn Sie nämlich von einer Frage überrollt werden und sich unter Druck gesetzt fühlen, werden Sie im Eifer des Gefechts höchstwahrscheinlich „ja" sagen, obwohl Sie das eigentlich gar nicht wollen.

Denken Sie daran, dass Sie jedes Mal, wenn Sie „nein" zu jemand anderem sagen, „ja" zu sich selbst sagen. Genauso ist es andersherum: Wenn Sie „ja" zu jemand anderem sagen, obwohl Sie das gar nicht wollen, sagen Sie auch automatisch „nein" zu sich selbst.

Was ist Ihnen wichtiger: Ihren Wert danach zu bestimmen, was andere von Ihnen denken und selber darunter zu leiden oder „ja" zu sich selbst zu sagen und zu Ihren Werten zu stehen?

SCHRITT 9: UMGEBEN SIE SICH MIT DEN RICHTIGEN LEUTEN

Sie kennen sicherlich den Spruch: „Man ist der Durchschnitt der fünf Menschen, mit denen man die meiste Zeit verbringt". Dieser Spruch ist so was von wahr. Sie haben ja bereits gelernt, dass ein geringes

Selbstwertgefühl nicht nur negative Auswirkungen auf Sie selber, sondern auch auf Ihr gesamtes Umfeld hat. Auch ein gesundes Selbstwertgefühl wirkt sich auf das Umfeld des selbstwertvollen Menschen aus.

Doch genauso passiert das Ganze natürlich auch andersherum. Denn nicht nur Sie sind die Person, die einen Einfluss auf Ihr Umfeld hat. Ihr Umfeld hat genauso einen Einfluss auf Sie. Wenn Ihr Umfeld nur aus positiven Menschen mit einem gesunden Selbstwert besteht, dann wirkt sich die Gesamtstimmung, für die diese Menschen sorgen, auch auf Sie aus und Sie entwickeln ein gesünderes Selbstwertgefühl.

Sind Sie hingegen nur von negativen Menschen mit einem geringen Selbstwert umgeben, wirkt sich auch das auf Sie aus und auch Sie werden automatisch immer negativer und selbstwertloser.

Sie sollten sich also nicht einfach nur mit den Menschen zufriedengeben, die nun mal in Ihrem Leben sind, sondern sich diese Menschen ganz gezielt aussuchen. Natürlich funktioniert dieses gezielte Aussuchen nicht immer. Sie können schließlich nicht von Ihrem Chef verlangen, dass dieser einen bestimmten Kollegen feuert, nur weil dieser Ihnen nicht guttut. Aber einen gewissen Einfluss haben Sie eben doch darauf, mit wem Sie die meiste Zeit verbringen. Vor allem Ihre fünf engsten Menschen können und sollten Sie sich auch selber aussuchen. Das stellen Sie am besten wie folgt an:

Schritt 1: Menschen im privaten Umfeld aussortieren: Das Wort „aussortieren" klingt ziemlich hart, ist aber notwendig, um ein glückliches Leben führen zu können. Schritt 8 zu mehr Selbstwertgefühl bestand ja daraus, zu lernen, „nein" zu anderen zu sagen und „ja" zu sich selbst. Da Sie nun geübt darin sind, anderen Menschen „nein" zu sagen, können Sie den nächsten Schritt gehen und nicht nur Veranstaltungen oder Projekte aus Ihrem Leben streichen, die Ihnen nicht guttun, sondern auch Menschen.

Haben Sie immer noch diesen einen Freund oder diese eine

Freundin, der/die immer nur zu Ihnen kommt, wenn er/sie etwas von Ihnen braucht? Meckert diese Person ständig rum, sucht die Fehler bei anderen und verbreitet nichts als Negativität und schlechte Laune? Dann wird es höchste Zeit, diese Person aus Ihrem Leben zu verbannen. Sie tut Ihnen nämlich nicht gut, zieht Sie nur runter und nutzt Sie aus. Höchste Zeit, ihr die Meinung zu sagen und die sogenannte „Freundschaft" zu beenden.

Schauen Sie sich in Ihrem privaten Umfeld um und überlegen Sie sich gut, welche Menschen Sie glücklich machen und welche überhaupt nicht. „Sortieren" Sie die Menschen, die Sie überhaupt nicht glücklich machen, aus. Wenn Sie noch nicht so weit sind, den Kontakt zu so einer Person endgültig zu beenden oder das gar nicht tun wollen, weil sie zum Beispiel Teil Ihrer Familie ist, dann reduzieren Sie diesen Kontakt wenigstens so weit wie nur irgend möglich. Richten Sie stattdessen Ihren Fokus auf die Menschen, die Sie inspirieren, motivieren und stets für Sie da sind. Diese Menschen werden Ihr Leben bereichern und Ihnen dabei helfen, ein gesünderes Selbstwertgefühl aufzubauen.

Schritt 2: Das berufliche Umfeld optimieren: Wie gesagt können Sie im beruflichen Leben leider nicht so einfach entscheiden, wen Sie täglich sehen und wen nicht. Ihr Chef kann schließlich nicht einfach irgendwelche Kollegen von Ihnen feuern, nur weil Sie das gerne so hätten. Sie können aber durchaus zumindest überlegen, ob es Möglichkeiten gibt, den Kontakt zu bestimmten Arbeitskollegen zu minimieren.

Sie könnten sich zum Beispiel von nun an vornehmen, Smalltalk mit negativen Kollegen, die sowieso nur meckern und sich über alles und jeden beschweren, aus dem Weg zu gehen. Sie haben ja schließlich schon gelernt, wie Sie am besten „nein" sagen können. Diese Fähigkeit können und sollten Sie nun besonders anwenden.

Auch können Sie sich überlegen, mit wem Sie am liebsten Ihre Pausen verbringen würden. Suchen Sie sich dafür Kollegen, die Sie aufbauen, motivieren und Ihnen bei Schwierigkeiten helfen und hören Sie auf, Ihre Pausen mit den Menschen zu vergeuden, die Sie nur runterziehen.

Falls die Stimmung auf der Arbeit generell sehr schlecht ist und Ihnen niemand einfällt, der positiv und selbstwertvoll ist, wäre eine weitere Idee, vielleicht von nun an teilweise im Homeoffice zu arbeiten, falls Ihre Arbeit so etwas überhaupt möglich macht. Sprechen Sie mit Ihrem Chef und finden Sie heraus, ob Sie die Zeit auf Ihrem Arbeitsplatz, auf dem nur negative Stimmung herrscht, reduzieren können.

Sollte das nicht möglich sein, wäre es in so einem Fall vielleicht gar nicht mal so schlecht, über einen Jobwechsel nachzudenken. Das ist natürlich ein sehr großer Schritt, der mit sehr viel Aufwand verbunden ist, aber dieser Aufwand lohnt sich auf alle Fälle.

Wollen Sie lieber keinen Aufwand betreiben und tagtäglich von Menschen umgeben sein, die Sie nur runterziehen, demotivieren und Ihren Selbstwert immer weiter zerstören oder wollen Sie sich einmal dazu überwinden, einen neuen Arbeitsplatz zu suchen, um dann immer weiter wachsen und glücklicher und selbstwertvoller zu werden? Wir hoffen, dass Sie sich für Letzteres entscheiden.

Schritt 3: Gestalten Sie sich ein inspirierendes Umfeld: Wenn Sie in Ihrem aktuellen Umfeld noch nicht so viele inspirierende, motivierende und selbstwertvolle Menschen haben, dann erschaffen Sie sich einfach ein Umfeld, in dem das in Zukunft der Fall ist. Versuchen Sie, Menschen kennenzulernen, die Ihrer Meinung nach einen positiven Einfluss auf Sie haben.

Fangen Sie dafür zum Beispiel ein neues Hobby an, treten Sie Facebookgruppen zum Thema „Persönlichkeitsentwicklung" bei und vernetzen Sie sich mit neuen Menschen oder besuchen Sie Kurse und Workshops zu diesem Thema. Dort werden Sie nicht nur sehr viel Neues lernen und dazu motiviert werden, noch mehr an sich zu arbeiten, sondern auch viele tolle Leute kennenlernen, die sich ebenfalls dafür interessieren, an sich selbst zu arbeiten und stetig zu wachsen.

Lesen Sie Bücher, schauen Sie Filme und treffen Sie sich mit Menschen, die Sie dazu inspirieren, weiterhin an sich und Ihrem Selbstwertgefühl zu arbeiten, um das Leben aufzubauen, das Sie sich so sehr wünschen. Erschaffen Sie sich Ihr eigenes, positives Umfeld.

SCHRITT 10: LASSEN SIE SICH ZEIT UND ERLAUBEN SIE SICH FEHLER

Sich ein gesundes Selbstwertgefühl zu erarbeiten, ist nichts, was einfach so von heute auf morgen passieren wird. Sie werden sehr viel Geduld und Durchhaltevermögen mitbringen müssen, wenn Sie es schaffen wollen, Ihren Selbstwert wiederherzustellen. Denn genauso wie jemand, der sein Leben lang total unsportlich war und sich nicht für seine Gesundheit interessiert hat, nicht von jetzt auf gleich einen Marathon laufen und viele Muskeln haben wird, wird auch jemand, der sein Leben lang einen Mangel an Selbstwertgefühl hatte, dieses nicht plötzlich irgendwo herbekommen. Das erfordert harte Arbeit und kann Jahre dauern.

Seien Sie also geduldig und nehmen Sie sich die Zeit, die Sie brauchen. Denn wenn Sie das nicht tun, besteht die Gefahr, durch Überforderung wieder rückfällig zu werden. Und das wollen Sie ganz bestimmt nicht, denn dann war die ganze Arbeit umsonst.

Denken Sie auch daran, dass Fehler erlaubt und sogar erwünscht sind. Denn aus Fehlern können Sie lernen. Verurteilen Sie sich also nicht, wenn auf Ihrem Weg zu mehr Selbstwertgefühl mal etwas doch nicht so klappt, wie Sie es gerne hätten. Vielleicht werden Sie mal an dem Punkt sein, an dem Sie es plötzlich doch nicht schaffen, jemandem „nein" zu sagen, obwohl das bisher so gut funktioniert hat. Vielleicht erreichen Sie auch mal Ihr gesetztes Ziel nicht. Das ist ganz normal und kein Grund, um zu verzweifeln.

Stattdessen sollten Sie Ihre Fehler nämlich reflektieren und sich fragen, wieso sie passiert sind. Sind Sie zu schnell vorgegangen? Haben Sie sich zu hohe Ziele gesetzt? Ihre Fehler werden Ihnen dabei helfen, herauszufinden, was Sie auf Ihrem Weg noch verbessern können, um ein gesundes Selbstwertgefühl zu entwickeln.

Lassen Sie sich also Zeit auf Ihrem Weg und erlauben Sie sich auch mal Fehler. Wenn Sie diese zwei Punkte beachten, dann werden Sie Ihr Ziel, ein gesundes Selbstwertgefühl zu entwickeln, mit Sicherheit erreichen.

Ein glückliches Leben dank gestärktem Selbstwertgefühl

Ein gesundes Selbstwertgefühl ist eine der Grundvoraussetzungen für ein glückliches Leben. Deswegen ist es ja auch so wichtig, am eigenen Selbstwert zu arbeiten. Dieses Buch zu kaufen, war der erste Schritt in die richtige Richtung. Nun geht es darum, das Gelesene in die Tat umzusetzen und an sich selber zu arbeiten.

Wir hoffen, dass wir Sie dazu inspirieren und motivieren konnten, Ihre aktuelle Lebenssituation noch mal zu hinterfragen und sich zu überlegen, ob und wo es noch Verbesserungsbedarf gibt. Sind Sie glücklich und zufrieden mit Ihrem Leben oder gibt es noch Luft nach oben?

Unserer Meinung nach gibt es selbst bei Menschen, die rundum glücklich mit ihrem Leben sind und ein starkes Selbstwertgefühl haben, immer noch ein Verbesserungspotential und immer irgendwelche Punkte in ihrem Leben, die auch sie noch optimieren können. Denn Stillstand macht nicht glücklich. Er ist langweilig und spornt uns nicht an. Die Arbeit an sich selbst hingegen schon. Natürlich sind Ausnahmen und Pausen vollkommen okay. Es ist nicht notwendig und auch nicht möglich, sich und sein Leben Tag und Nacht zu optimieren. Wer sich überwiegend gesund ernährt, kann sich schließlich ab und zu auch mal ein Stückchen Schokolade gönnen. Genauso ist es auch bei der Arbeit an einem gesünderen Selbstwert. Gönnen Sie sich Pausen und kleine Ausrutscher, aber bleiben Sie dran. Arbeiten Sie an sich und Ihrem Selbstwertgefühl. Schaffen Sie sich das Umfeld, das Sie glücklich macht. Kreieren Sie Ihr Traumleben und erreichen Sie Ihre Ziele. Einfach nur, weil Sie es sich selber wert sind, dieses Traumleben zu führen.

Wir wünschen Ihnen viel Erfolg auf Ihrer Reise zu einem starken Selbstwertgefühl!

Quellenverzeichnis

https://wissen-ist-macht.tv/von-der-kunst-sich-selbst-etwas-wert-zu-sein/
https://de.wikipedia.org/wiki/Selbstwert
https://www.medmeister.de/selbstwertgefuehl/
https://www.evidero.de/selbstwert-aufbauen-mit-uebungen
https://www.focus.de/familie/erziehung/familie/nie-wieder-schuechtern-selbstvertrauen_id_2778025.html
https://www.focus.de/wissen/mensch/sprache/englisch-sprachkurs/tid-6775/persoenlichkeit_aid_65723.html
https://www.focus.de/wissen/mensch/sprache/englisch-sprachkurs/tid-6775/persoenlichkeit_aid_65861.html
https://www.focus.de/wissen/mensch/sprache/englisch-sprachkurs/tid-6775/persoenlichkeit_aid_65862.html
https://www.focus.de/wissen/mensch/sprache/englisch-sprachkurs/tid-6775/persoenlichkeit_aid_65863.html
https://www.persoenlich-wachsen.de/gewinner-und-verlierer-im-leben/
https://www.welt.de/gesundheit/psychologie/article114871161/Was-falsches-Lob-bei-Kindern-anrichten-kann.html
https://www.psychotipps.com/negatives-selbstwertgefuehl.html
https://www.aerzteblatt.de/archiv/145097/Depressionen-Beguenstigt-durch-geringes-Selbstwertgefuehl
https://www.angst-verstehen.de/mangelndes-selbstbewusstsein-selbstvertrauen/
https://www.neurologen-und-psychiater-im-netz.org/psychiatrie-psychosomatik-psychotherapie/ratgeber-archiv/meldungen/article/narzisstische-persoenlichkeitsstoerung-mangelndes-selbstwertgefuehl-fehlende-empathie-und-empfindl/
https://karrierebibel.de/narzissmus/
https://www.jameda.de/gesundheit/psyche-nerven/wie-funktioniert-die-arbeit-mit-dem-inneren-kind/
https://www.lernen.net/artikel/positiv-denken-12-uebungen-optimismus-856/

https://www.beziehungsweise-magazin.de/ratgeber/partnerschaft-beziehung/vom-guten-umgang-mit-schlechten-gefuehlen/
https://tomoff.de/wie-ich-meine-werte-finde/
https://zeitzuleben.de/5-tipps-zum-nein-sagen/
https://markuscerenak.com/positive-menschen.html

Wir danken Dir für Dein Interesse und Dein Vertrauen. Als Dankeschön dafür, haben wir eine besondere Überraschung. Du möchtest selbstbewusster sein und wahre Selbstliebe leben? Dann haben wir das Richtige für dich. Entdecke deinen persönlichen Selbstliebe und Selbstbewusstseins Coach. Das Beste: Sie erhalten diese vollkommen kostenlos. Das klingt wunderbar? Dann warten Sie nicht lange und holen Sie sich Ihr Gratis-Geschenk.

Hier geht es zu Ihrem Gratis-Geschenk:

https://forms.gle/sGXGTwmR8dUW5UyJA

1. **Öffnen Sie die Kamera-App auf Ihrem Smartphone und richten Sie die Kamera auf den QR-Code.**
2. **Klicken Sie auf den Link, der Ihnen angezeigt wird und schon werden Sie zur Website weitergeleitet.**

Impressum

Herausgeber: Orbita Media Verlag GmbH & Co. KG / Ericusspitze 4 / 20457 Hamburg
Kontakt: kontakt@empireofbooks.de
Website: https://empireofbooks.de
Coverbild: Shutterstock

Haftungsausschluss:
Die Nutzung dieses Buches und die Umsetzung der enthaltenen Informationen, Anleitungen und Strategien erfolgt auf eigenes Risiko. Der Autor kann für etwaige Schäden jeglicher Art aus keinem Rechtsgrund eine Haftung übernehmen. Haftungsansprüche gegen den Autor für Schäden materieller oder ideeller Art, die durch die Nutzung oder Nichtnutzung der Informationen bzw. durch die Nutzung fehlerhafter und/oder unvollständiger Informationen verursacht wurden, sind grundsätzlich ausgeschlossen. Rechts- und Schadenersatzansprüche sind daher ausgeschlossen. Dieses Werk wurde sorgfältig erarbeitet und niedergeschrieben. Der Autor übernimmt jedoch keinerlei Gewähr für die Aktualität, Vollständigkeit und Qualität der Informationen. Druckfehler und Falschinformationen können nicht vollständig ausgeschlossen werden. Es kann keine juristische Verantwortung sowie Haftung in irgendeiner Form für fehlerhafte Angaben vom Autor übernommen werden. Die bereitgestellten Analysen, Vorschläge, Ideen, Meinungen, Kommentare und Texte sind ausschließlich zur Information bestimmt und können ein individuelles Beratungsgespräch nicht ersetzen. Alle Informationen dieses Buches entsprechen dem Kenntnisstand zum Zeitpunkt des Verfassens dieses Buches. Eine Haftung für mittelbare und unmittelbare Folgen aus den Informationen dieses Buches ist somit ausgeschlossen.
Informieren Sie sich weitläufig aus unterschiedlichen Quellen und bedenken Sie, dass am Ende nur Sie für die Entscheidungen verantwortlich sind.

Urheberrecht:
Das Werk einschließlich aller Inhalte, wie Informationen, Strategien und Tipps ist urheberrechtlich geschützt. Alle Rechte vorbehalten. Nachdruck oder Reproduktion (auch auszugsweise) in irgendeiner Form (Druck, Fotokopie oder anderes Verfahren) sowie die Einspeicherung, Verarbeitung, Vervielfältigung und Verbreitung mithilfe elektronischer Systeme jeglicher Art, gesamt oder auszugsweise, ist ohne ausdrückliche schriftliche Genehmigung des Autors untersagt. Die Inhalte dürfen keinesfalls veröffentlicht werden. Bei Missachtung werden rechtliche Schritte eingeleitet.

Haftung für externe Links:
Unser Angebot enthält Links zu externen Websites Dritter, auf deren Inhalte wir keinen Einfluss haben. Deshalb können wir für diese fremden Inhalte auch keine Gewähr übernehmen. Für die Inhalte der verlinkten Seiten ist stets der jeweilige Anbieter oder Betreiber der Seiten verantwortlich. Die verlinkten Seiten wurden zum Zeitpunkt der Verlinkung auf mögliche Rechtsverstöße überprüft. Rechtswidrige Inhalte waren zum Zeit-punkt der Verlinkung nicht erkennbar.